KB196156

영업의 패러다임을 바꾸는
데이터의 힘을 경험하라

컨설팅 경영

강한 영업 편

영업의 패러다임을 바꾸는 데이터의 힘을 경험하라

컨설팅 경영 강한 영업 편

초판 1쇄 인쇄 2025년 2월 7일
초판 1쇄 발행 2025년 2월 21일

지은이 황창환

발행인 백유미 조영석
발행처 (주)라온아시아
주소 서울특별시 서초구 방배로 180 스파크플러스 3F

등록 2016년 7월 5일 제 2016-000141호
전화 070-7600-8230   **팩스** 070-4754-2473

값 17,500원
ISBN 979-11-6958-150-9 (13320)

라온북은 독자 여러분의 소중한 원고를 기다리고 있습니다. (raonbook@raonasia.co.kr)

영업의 패러다임을 바꾸는
데이터의 힘을 경험하라

컨설팅 경영

강한 영업 편

고객을 사로잡는
7단계 데이터
분석 프로세스

황창환 지음

데이터로 무장한 리더가 디지털 시대 마케팅을 지배한다!
팀을 하나로 만들고 영업력을 높이는 디지노믹스 경영 노하우!

**데이터로 여는
강한 영업의 미래를 선점하라!**

RAON
BOOK

RAON
BOOK

'평범한 일상이 만드는 특별한 영업'
: 작은 차이가 만드는 놀라운 성과의 비밀

당신의 기업은 지금 이런 고민을 하고 있지 않습니까?

"매출은 정체되어 있는데, 시장은 계속 변하고…."

"디지털 전환? 인공지능? 우리 같은 중소기업이 할 수 있을까…."

"남들 다 하는 영업을 하는데, 왜 성과는 나지 않을까…."

"특별한 무언가가 있을 거라는데, 도대체 그게 뭘까…."

당신의 기업은 지금 어떤 고민을 하고 있는가? 매출이 정체되

어 있는가? 이익이 감소하고 있는가? 아니면 시장의 변화 속에
서 새로운 돌파구를 찾지 못하고 있는가?

나는 지난 20년간 이러한 고민을 안고 있는 기업들과 함께해
왔다. 그 과정에서 발견한 것은 놀라울 정도로 단순했다. 모든
성공적인 기업들은 '강한 영업'이라는 공통점을 가지고 있었다는
것이다.

삼성전자, 현대자동차, LG CNS를 비롯한 57개 대기업들이
이를 증명했다. 이들은 강한 영업을 통해 시장을 주도하는 기업
으로 성장했다. 더욱 주목할 만한 것은 수많은 중소기업들의 변
화였다. 자금력이나 인력이 부족했음에도, 강한 영업을 통해 업
계 평균을 크게 상회하는 성장을 이뤄냈다.

특히 최근의 경험은 강한 영업의 위력을 더욱 분명하게 보여
준다. 코로나19라는 전대미문의 위기 상황에서, 부산의 대표 식
품기업인 삼진어묵은 1년 만에 순이익 316% 성장이라는 경이로
운 성과를 달성했다. 대부분의 기업들이 긴축경영을 하던 시기
에, 우리는 오히려 새로운 도전을 시작했다. '깐깐한 어묵' 브랜
드 런칭, '삼진어묵당' 프랜차이즈 확장이 그것이다.

많은 기업들이 디지털 전환, 인공지능, 메타버스 같은 새로운

기술에 매달리고 있다. 하지만 냉철하게 생각해보자. 기업의 본질은 무엇인가? 그것은 바로 '수익 창출'이다. 아무리 첨단 기술을 도입해도, 돈을 벌지 못하는 기업은 살아남을 수 없다.

강한 영업의 비밀은 세 가지 요소에 있다. 공유(Public), 사람(People), 프로세스(Process)다. 겉으로 보기에는 단순해 보이지만, 이 세 가지가 만들어내는 시너지는 놀랍다. 시장의 변화를 읽고, 고객과 신뢰를 쌓고, 이를 체계적인 시스템으로 구축하는 것. 이것이 바로 강한 영업의 핵심이다.

이 책은 단순한 영업 매뉴얼이 아니다. 20년간의 현장 경험과 실증된 성과, 그리고 수많은 기업들의 생생한 변화 사례를 담았다. 특히 중소기업이 어떻게 제한된 자원으로도 시장을 주도할 수 있는지, 그 구체적인 방법론을 제시한다.

지금 당신의 기업은 어떤 선택을 해야 할까? 시장의 변화에 휘둘리는 약한 기업으로 남을 것인가, 아니면 강한 영업을 통해 시장을 주도하는 강한 기업이 될 것인가? 이 책은 당신의 기업이 후자가 되기 위한 구체적인 로드맵을 제시할 것이다.

[실제 사례로 증명된 성과]

· 삼진어묵 : 1년 만에 순이익 316% 성장

· 일렉트로닉스 : 시장 점유율 2년 만에 3배 증가

· 테크솔루션 : 영업이익률 업계 평균 대비 2.5배 달성

· 헬시라이프 : 신규 고객 확보율 전년 대비 82% 향상

"당신의 기업은 돈 버는 능력을 가졌는가?" 이 질문에 자신 있게 답하지 못한다면, 지금이야말로 변화가 필요한 시점이다. 놀라운 것은 이 변화가 특별한 무언가가 아닌, 당신의 일상 속 작은 차이에서 시작된다는 점이다.

이 책은 그 작은 차이가 어떻게 놀라운 성과로 이어지는지, 20년간의 현장 경험과 실증된 사례로 보여줄 것이다. 강한 영업은 더 이상 선택이 아닌 필수다. 지금 시작하라. 내일은 늦다.

Contents

Chapter1. 데이터가 만드는 놀라운 변화

Chapter2. 실시간 공유(Publicize)로 영업력을 높인다

Chapter3. 영업 직원(people)을 디지털 고수로 만든다

Chapter4. 고객의 마음을 사로잡는 프로세스(process)

Chapter5. 데이터로 무장한 리더가 성공한다

Chapter.1

데이터가 만드는
놀라운 변화

영업 현장에서 가장 큰 변화가 일어나고 있다. 20년 동안 수많은 기업들의 영업 혁신을 이끌어오면서 발견한 한 가지 진실이 있다. 바로 '데이터'가 영업의 패러다임을 완전히 바꾸고 있다는 것이다. 이는 단순한 기술의 변화가 아닌, 영업의 본질을 더욱 강화하는 혁신적인 변화다.

이러한 변화의 중심에 전자부품 제조기업 일렉트로닉스가 있다. 일렉트로닉스는 30년간 축적된 영업 노하우를 데이터로 전환하고, 이를 통해 획기적인 성과를 창출했다. 그들의 혁신 과정은 데이터가 어떻게 영업의 새로운 경쟁력이 되는지를 생생하게 보여준다. 이제 그들의 변화가 시작되는 순간으로 돌아가 보자.

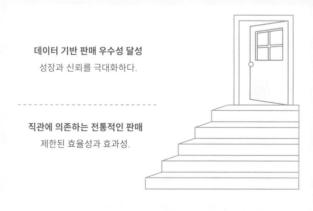

데이터 기반 판매 우수성 달성
성장과 신뢰를 극대화하다.

직관에 의존하는 전통적인 판매
제한된 효율성과 효과성.

거래 기록 디지털화 및 AI분석

성공과 혁신의 네 가지 핵심

첫째, 실제 사례를 통해 '2년 시장 점유율 3배 증가'라는 놀라운 성과가 어떻게 가능했는지 살펴본다. 전통적인 영업 방식에서 데이터 기반 영업으로의 전환이 어떻게 극적인 성과로 이어졌는지, 그 구체적인 과정과 방법을 상세히 들여다본다.

둘째, '베테랑도 인정한 데이터의 힘'을 통해 경험과 데이터가 만나 시너지를 내는 과정을 확인한다. 20년 이상의 경력을 가진 영업 베테랑들이 어떻게 데이터를 활용하여 자신들의 노하우를 더욱 강화했는지, 그들의 생생한 경험담을 통해 배운다.

셋째, '강한영업, 데이터로 시작하기'에서는 실천 가능한 첫걸음을 제시한다. 완벽한 시스템이 아니더라도, 당장 시작할 수 있는 데이터 활용법과 그것이 가져오는 즉각적인 변화를 살펴본다.

넷째, '디지털 혁신, 현명한 도구 선택이 핵심이다'를 통해 각 기업에 맞는 최적의 디지털 도구를 선택하고 활용하는 방법을 제시한다. 최신 기술이 아닌, 실제로 필요한 도구를 선별하고 활용하는 지혜를 공유한다.

이제 데이터는 더 이상 선택이 아닌 필수다. 하지만 이는 기존 영업 방식의 부정이 아닌, 강화와 발전을 의미한다. 데이터는 우리가 고객을 더 깊이 이해하고, 더 정확한 의사결정을 내리며, 더 강력한 신뢰 관계를 구축할 수 있게 돕는 도구다. 1장을 통해 데이터가 만들어내는 놀라운 변화의 실체를 확인하고, 이를 통해 자신의 영업 현장에서 실질적인 혁신을 이룰 수 있는 통찰을 얻게 될 것이다.

2년 만에 시장 점유율 3배 증가의 비밀
(성공 사례)

2023년 1월의 어느 차가운 아침, 일렉트로닉스의 B2B영업팀의 분위기는 얼음장처럼 차갑다. 스크린에 비친 매출 그래프는 처참하다. 30%의 매출 감소, 이것이 20명의 영업사원들이 마주한 현실이다.

"또 미달입니다." 김상우 팀장의 목소리에는 체념이 묻어있다. 250개의 대리점, 80개의 양판점. 그들이 보내온 피드백은 더욱 냉혹하다. 최종렬 과장의 한숨 소리가 회의실을 가득 채운다. 30년 경력의 베테랑 영업맨조차 이런 상황은 처음이다. 아침 7시부터 밤 9시까지, 하루 종일 발로 뛰어도 성과는 나아지지 않는다.

"이대로는 안 됩니다." 김 팀장의 목소리가 단호하다. 그의 노트북 화면에는 3개월간 준비한 혁신안이 띄워져 있다. '디지털 전환'이라는 글자가 선명하다. 회의실이 술렁인다. "지금도 바쁜데 새로운 시스템을 배우라고요?", "고객은 발로 뛰어야 잡는 겁니다." 30년 베테랑들의 반발이 거세다.

첫 번째 변화는 조직 전체를 뒤흔드는 충격적인 결정이었다. 3년간 축적된 15만 건의 거래 기록을 디지털화하는 작업은 단순한 데이터 입력이 아닌, 30년 영업 노하우를 새로운 언어로 번역하는 작업이었다. IBM Watson Analytics는 거래 금액과 날짜뿐만 아니라, 영업사원들의 일일 활동일지에 담긴 고객과의 대화, 상담 과정에서 포착된 미묘한 반응, 제품 문의부터 클레임 처리까지의 모든 과정을 분석했다.

이 과정은 결코 순탄치 않았다. "고객은 데이터가 아닌 사람"이라는 반발이 거셌고, "30년 경험을 컴퓨터가 어떻게 알겠냐"는 회의적인 시선도 많았다. 하지만 Watson이 찾아낸 패턴은 베테랑 영업사원들조차 깜짝 놀라게 만들었다. 특히 주목할 만한 발견은 대형 양판점들의 구매 패턴 변화였다. 전통적으로 월초에 집중되던 발주가 매월 15일과 25일로 이동했다는 사실이다. 이는 단순한 날짜 변경이 아닌, 재고 부담을 줄이려는 거래처들의 새로운 경영 전략을 보여주는 중요한 신호였다.

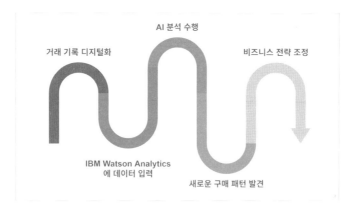

거래 기록 디지털화 및 AI분석

두 번째 변화는 영업 현장의 관성적 사고방식을 완전히 뒤흔드는 혁신이었다. 2억 원을 투자해 구축한 모바일 시스템은 단순한 IT 도구가 아닌, 영업 활동의 패러다임을 바꾸는 시도였다. 베테랑 영업사원들의 첫 반응은 당연히 부정적이었다. "고객 얼굴도 안 보고 화면만 들여다보란 말입니까?" 30년간 대면 영업을 해온 그들에게 태블릿은 영업의 본질을 훼손하는 이물질처럼 보였다.

하지만 변화는 생각보다 빨리 찾아왔다. 첫 번째 전환점은 실시간 재고 확인 시스템이었다. 기존에는 고객과 상담 후 재고 확인을 위해 본사에 전화를 걸고, 다시 고객에게 연락하는 과정을 거쳐야 했다. 하지만 이제는 상담 중에 실시간으로 재고 현황을 확인할 수 있게 되었다. 견적 작성도 순식간이었다. 과거 수기로 작성하고 팩스로 전송하던 방식에서, 버튼 몇 번의 클릭으로 전문적인 견적서가 완성되었다.

특히 주목할 만한 변화는 영업사원들의 자발적인 태도 변화였다. 8월부터 그들은 스스로 태블릿을 찾기 시작했다. "예전에는 고객과 이야기하다가 '확인해보고 연락드리겠습니다'라는 말로 끝나는 경우가 많았는데, 이제는 그 자리에서 모든 걸 해결할 수 있습니다"라는 최 과장의 말처럼, 실시간 대응 능력은 고객 만족도를 크게 높였다. 상담 시간이 60% 줄어든 것은 단순한 업무 효율화를 넘어, 더 깊이 있는 고객 상담이 가능해졌다는 것을 의미했다.

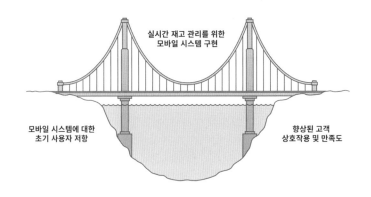

모바일 시스템으로 판매 효율성 혁신하기

결과적으로 모바일 시스템은 '불필요한 시간'을 줄이고 '필요한 시간'을 늘리는 촉매제가 되었다. 영업사원들은 줄어든 행정 업무 시간을 고객과의 더 깊은 대화, 시장 트렌드 분석, 신규 고객 발굴 등 본질적인 영업 활동에 투자할 수 있게 되었다. 이는 단순한 디지털화가 아닌, 영업의 질적 전환을 가져온 혁신적 변화였다.

세 번째 변화는 조직 문화의 근본적인 혁신을 의미했다. 디지털 역량 강화는 단순한 시스템 도입을 넘어, 영업팀 전체의 사고방식을 바꾸는 과정이었다. 클라우드 시스템 도입으로 모든 문서가 통합되면서, 그동안 개인의 노하우로만 존재하던 영업 프로세스가 조직의 자산으로 축적되기 시작했다.

특히 주목할 만한 변화는 '실시간 보고 체계'의 확립이었다. 과거에는 일과 종료 후 정리하던 보고서가, 이제는 현장에서 실시간으로 공유되었다. "오늘 오전 A 거래처에서 발견한 니즈가, 오후에 B 거래처 상담에 즉시 활용되는 경우도 있었습니다"라는 최 과장의 말처럼, 정보의 실시간 공유는 영업 현장의 대응력을 획기적으로 향상시켰다.

"데이터는 숫자가 아닌 통찰이다"라는 새로운 슬로건은 단순한 구호가 아니었다. 영업사원들은 매일 아침 데이터 분석 리포

트를 확인하며 하루를 시작했다. 어떤 시간대에 고객 상담이 가장 효과적인지, 어떤 제품군이 특정 거래처에서 높은 관심을 받는지, 경쟁사 제품 대비 우리 제품의 강점이 무엇인지 등, 데이터는 구체적인 영업 전략 수립의 토대가 되었다.

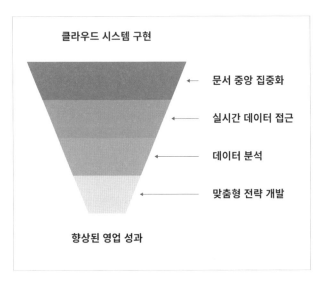

모바일 시스템으로 판매 효율성 혁신하기

더욱 중요한 것은 이러한 변화가 영업사원들의 전문성을 대체하는 것이 아니라, 오히려 강화한다는 사실을 깨달은 것이다. 데이터는 영업사원의 경험과 직관에 객관적 근거를 더해주었고, 이는 고객과의 상담에서 더 큰 설득력으로 이어졌다. "이제는

'제 생각에는'이라는 말 대신 '데이터에 따르면'이라는 말로 상담을 시작합니다"라는 한 영업사원의 말처럼, 디지털 역량 강화는 영업의 전문성을 한 단계 끌어올리는 계기가 되었다.

10개월이 지난다. 2024년 1월, 일렉트로닉스 B2B영업팀의 모습은 완전히 달라져 있다. 영업사원 1인당 월 평균 상담은 45건에서 98건으로 늘어난다. 평균 계약 금액은 8,500만원에서 1억 625만원으로 치솟는다.

"영업의 본질은 결국 사람입니다."

김 팀장의 말에는 30년 경험에서 나온 깊은 통찰이 담겨있다.

"영업 현장에서 고객의 표정 하나, 어조 하나를 읽어내는 것은 AI도 대신할 수 없습니다. 고객이 말하지 않은 진짜 니즈를 파악하고, 때로는 고객이 모르는 불편함까지 찾아내 해결책을 제시하는 것, 이것이 바로 강한 영업의 핵심입니다. 다만, 이제는 우리의 이런 경험과 직관을 데이터가 뒷받침해줍니다. 고객의 구매 주기를 정확히 예측하고, 최적의 제안 시점을 찾아내고, 각 고객별 맞춤형 프로모션까지 설계할 수 있게 된 것이죠. 디지털은 우리 영업사원들의 경험을 더욱 빛나게 해주는 무기가 된 것입니다."

최 과장도 고개를 끄덕인다. "예전에는 '감'으로 하던 영업을,

이제는 '확신'을 가지고 합니다. 30년 경험이 만들어낸 직감이 데이터로 증명될 때의 그 짜릿함이란…." 그의 말에 회의실의 영업사원들이 공감의 미소를 짓는다.

일렉트로닉스가 발견한 '강한 영업'의 비밀은 단순하다. 30년 현장 경험과 첨단 디지털의 만남. 그것이 전부다. 하지만 그 단순한 변화가 매출 시장점유율 2년만에 3배 증가라는 기적을 만들어낸다.

베테랑도 인정한
데이터의 힘

"30년 경력이란 게 무색하더군요. 처음엔 반발했지만, 이제는 제가 디지털 영업의 전도사가 됐습니다."

최종렬 과장(53세)의 목소리에는 확신이 담겨있다. 일렉트로닉스 B2B영업팀의 '맏형'이자 최고 베테랑인 그는 불과 10개월 전만 해도 디지털 전환에 가장 강하게 반대했던 인물이다.

"아침부터 밤까지 발로 뛰면서 '한 건이라도 더'를 외치던 시절이었죠. 지금 생각해보면 우리는 너무 비효율적으로 일했던 겁니다."

변화는 세 단계로 찾아왔다. 첫 번째는 데이터를 통한 깨달음이었다. AI가 분석한 고객별 구매 패턴이 자신의 30년 경험과 정확히 일치하는 순간, 그의 생각이 바뀌기 시작했다.

"IBM Watson이 찾아낸 패턴들을 보면서 충격을 받았죠. 내가 '감'으로 알고 있던 것들이 모두 데이터로 증명되더군요. 게다가 미처 발견하지 못했던 새로운 패턴들도 보였습니다."

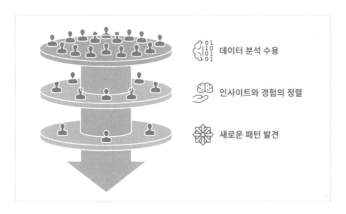

데이터 통찰력으로 인한 사고 전환

두 번째 변화는 업무 프로세스의 혁신이었다. 실시간 재고 확인과 견적 시스템은 그의 하루를 완전히 바꿔놓았다.

"예전에는 대리점에서 견적 요청을 받으면 사무실로 돌아와서 재고를 확인하고, 엑셀로 견적서를 만들고… 이런 과정에만 하루가 다 갔어요. 지금은 태블릿 하나로 현장에서 모든 게 해결됩니다."

최 과장의 태블릿 화면에는 실시간 대시보드가 떠있다. 거래처별 구매 이력, 선호 제품, 구매 가능성 예측까지 한눈에 들어온다. "K대리점의 경우, 매월 15일에 프리미엄 제품을 대량으로 발주하는 패턴이 있더군요. 한 달 전부터 맞춤형 프로모션을 준비해서 제안하니 성공률이 두 배로 뛰었습니다."

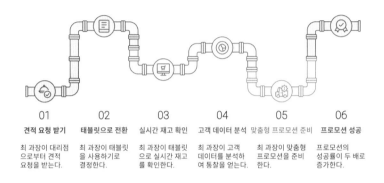

01	02	03	04	05	06
견적 요청 받기	**태블릿으로 전환**	**실시간 재고 확인**	**고객 데이터 분석**	**맞춤형 프로모션 준비**	**프로모션 성공**
최 과장이 대리점으로부터 견적 요청을 받는다.	최 과장이 태블릿을 사용하기로 결정한다.	최 과장이 태블릿으로 실시간 재고를 확인한다.	최 과장이 고객 데이터를 분석하여 통찰을 얻는다.	최 과장이 맞춤형 프로모션을 준비한다.	프로모션의 성공률이 두 배로 증가한다.

업무 프로세스 혁신을 통한 효율성 향상

세 번째 혁신은 세대 간 시너지였다. 이제 그는 매주 화요일 아침, 신입 영업사원들을 대상으로 '디지털 영업 노하우' 강의를 진행한다.

"젊은 친구들은 디지털 활용에는 능숙하지만, 고객 심리를 읽는데는 아직 서툴러요. 반면 우리 베테랑들은 경험은 많지만 디지털은 약하고… 서로의 장점을 배우다 보니 시너지가 엄청났습니다."

실제로 성과는 극적으로 개선됐다. 그의 월 평균 상담 건수는

45건에서 98건으로 증가했다. 더 놀라운 것은 계약 성사율이다.
34.5%를 기록하며 팀 내 최고 성과를 달성했다.

성과 극대화
영업 성과의 극적인 개선

실시간 협업 구현
실시간 협업 시스템 도입

자산 디지털화
시나리오와 템플릿을 디지털 자산으로 변환

템플릿 생성
영업 제안 템플릿 개발

고객 시나리오 개발
고객 상호작용을 위한 새로운 시나리오 창작

디지털 노하우 공유
신입사원과 베테랑 간의 디지털 기술 공유

업무 성과 극대화

최 과장의 노하우는 이제 회사의 디지털 자산이 됐다. 그가 개발한 고객 응대 시나리오와 제안서 템플릿은 전사적으로 활용되고 있다. 특히 태블릿으로 구현한 실시간 협업 시스템은 팀 전체의 영업 방식을 바꿔놓았다.

"가장 큰 변화는 마음가짐입니다. 예전에는 '오늘도 열심히 뛰자'였다면, 이제는 '오늘은 어떻게 하면 더 스마트하게 일할까'를 고민해요. 나이 들수록 체력은 떨어지지만, 데이터라는 무기가 있으니 전혀 걱정 없습니다."

그의 말에는 자부심이 가득했다. 데이터 기반 영업은 단순한 시스템 도입이 아닌, 영업의 본질을 되찾는 여정이었다.

"이제는 확신할 수 있습니다. 강한 영업은 경험과 데이터의 조화에서 나온다는 걸요." 이것이 바로 일렉트로닉스가 발견한 디지털 시대의 새로운 영업 공식이다.

강한 영업,
데이터로 시작하기

"우리같은 중소기업이 무슨 디지털 전환입니까? 매달 적자에 허덕이는데…"

2023년 3월, 중소기업 CEO 모임에서 한 참석자가 던진 이 말에 많은 사람들이 고개를 끄덕였다. 200명 규모의 중소기업을 운영하는 박 대표의 한숨 섞인 목소리였다.

"IBM Watson? Salesforce? 대기업이나 쓰는 거 아닌가요? 우리는 직원들 월급 주기도 빠듯한데…" 이 말을 듣고 있던 일렉트로닉스 B2B영업팀 김상우 팀장이 입을 열었다.

"6개월 전, 저희도 같은 고민을 했습니다. 매출은 30% 감소, 영업사원들은 아침부터 밤까지 뛰어다녀도 성과는 바닥이었죠. 대기

30

업처럼 수백억을 투자할 여력도 없었습니다."

회의실이 조용해졌다. 20명 규모의 영업팀으로 시작해 6개월 만에 매출 316% 성장을 이룬 일렉트로닉스의 사례는 이미 업계에 잘 알려져 있었다.

"디지털 영업은 규모의 문제가 아닙니다. 방법의 문제죠. 저희는 월 10만원 예산으로 시작했습니다."

성공하는 디지털 영업의 3단계 접근법

김 팀장은 자신의 노트북을 열었다. 화면에는 일렉트로닉스가 실제 사용한 엑셀 시트가 띄워져 있었다.

"첫 단계는 데이터 정리입니다. 엑셀로 시작하세요. 고객별 구매 이력, 컨택 포인트, 선호 제품을 체계적으로 정리하는 것만으로도 큰 변화가 시작됩니다."

실제로 일렉트로닉스 엑셀 기반의 간단한 대시보드로 첫 달에 상담 건수를 30% 늘렸다. 비결은 데이터 수집의 표준화였다. 모든 영업사원이 같은 형식으로 데이터를 기록하고, 매일 업데이트하는 원칙을 세웠다.

"두 번째는 무료 협업 도구의 활용입니다. 구글 워크스페이스나 노션은 기본 기능만으로도 충분합니다. 우리는 이걸로 일정

관리부터 성공 사례 공유까지 해결했습니다."

특히 실시간 문서 공유 기능은 획기적인 변화를 가져왔다. 현장에서 발생하는 모든 정보가 실시간으로 공유되면서 대응 속도가 빨라졌다.

"세 번째는 단계적 투자입니다. 성과를 확인하면서 하나씩 추가하세요. 처음부터 완벽한 시스템을 갖출 필요는 없습니다."

김 팀장은 예산 규모에 따른 구체적인 접근법을 제시했다. 먼저 초기 단계는 월 10만원 이하의 최소 예산으로 시작할 수 있다. 엑셀로 고객 데이터 관리 시스템을 구축하고, 구글 워크스페이스 무료 버전을 활용한다. 여기에 기본형 CRM 도구만 더하면 된다.

"놀랍게도 이 정도의 조합만으로도 영업 생산성을 50% 이상 높일 수 있습니다. 우리도 처음에는 이렇게 시작했죠. 핵심은 도구의 종류가 아니라 얼마나 체계적으로 활용하느냐입니다."

성장 단계에 들어서면 월 50만원 정도의 예산이 필요하다. 이 단계에서는 클라우드 기반 CRM 솔루션을 도입하고, 모바일 영업 지원 앱을 추가한다. 문서 자동화 도구도 이때 도입하면 좋다. 일렉트로닉스의 경우 이 단계에서 가장 극적인 변화를 경험했다. 특히 모바일 앱 도입 후에는 현장 대응력이 2배 이상 높아졌다.

"영업사원들이 고객사에서 실시간으로 정보를 확인하고 의사결정을 할 수 있게 되면서 상담 성공률이 크게 높아졌습니다. 더 이상 '회사에 확인해보고 연락드리겠습니다'라는 말은 필요 없어

졌죠."

마지막 고도화 단계는 월 100만원 이상의 투자가 필요하다. AI 기반 고객 분석 도구와 통합 영업 관리 시스템, 자동 제안서 생성 도구 등을 도입하는 단계다. 하지만 김 팀장은 이 단계는 신중하게 접근할 것을 조언한다.

"이미 디지털 영업의 성과가 충분히 검증된 후에 고려하세요. 처음부터 무리하게 도입했다가는 오히려 역효과가 날 수 있습니다. 우리도 초기와 성장 단계의 성과를 완벽하게 확인한 후에야 이 단계로 진입했습니다."

성공적인 도구 선택의 3가지 기준

"도구를 고를 때는 세 가지를 반드시 체크하세요."

1. 현장 즉시 활용 가능성
2. 기존 업무와의 연계성
3. 실질적 시간 절감 효과

일렉트로닉스는 이 기준으로 도구를 선택해 영업사원당 하루 2시간의 업무 시간을 절약했다.

"특히 중요한 것은 데이터의 품질입니다. 아무리 좋은 도구라도 입력되는 데이터가 부실하면 소용없습니다. 우리는 매일 아침 15분씩 데이터 품질 체크 미팅을 합니다."

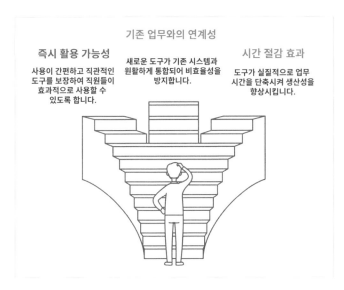

즉시 활용 가능성
사용이 간편하고 직관적인 도구를 보장하여 직원들이 효과적으로 사용할 수 있도록 합니다.

기존 업무와의 연계성
새로운 도구가 기존 시스템과 원활하게 통합되어 비효율성을 방지합니다.

시간 절감 효과
도구가 실질적으로 업무 시간을 단축시켜 생산성을 향상시킵니다.

도구 선택에 어떤 기준을 우선시해야 합니까?

디지털 영업의 실전 성공 포인트

작게 시작하되 일관성 있게 실행하라 "처음부터 완벽할 필요는 없습니다. 다만 시작한 것은 끝까지 해내야 합니다."

현장의 피드백을 적극 반영하라 "도구는 영업 현장을 지원하기 위한 것입니다. 현장에서 불편하다고 하면 즉시 개선하세요."

데이터 기반의 의사결정을 습관화하라 "감이나 경험에만 의존하지 마세요. 작은 결정도 데이터로 확인하는 습관을 들이세요."

디지털 영업 성공을 위한 단계

"마지막으로 꼭 기억하세요. 디지털 도구는 수단이지 목적이 아닙니다. 가장 중요한 건 고객의 니즈를 정확히 파악하고, 적절한 솔루션을 제시하는 영업의 기본입니다. 다만 이제는 이 모든 과정을 데이터로 더 정확하게, 더 빠르게 할 수 있게 된 것뿐이죠."

회의실을 나서는 박 대표의 표정이 밝아져 있었다. 그의 노트북에는 이미 엑셀로 만든 간단한 고객 데이터 양식이 띄워져 있었다. 작은 변화의 시작이었다.

디지털 혁신,
현명한 도구 선택이 핵심이다

"잘못된 도구 선택은 오히려 독이 될 수 있다."

2023년, 일렉트로닉스 B2B영업팀의 김상우 팀장은 디지털 도구 선택의 중요성을 강조한다. 20명 규모의 작은 팀으로 시작했지만, 지금은 업계에서 가장 강력한 디지털 영업 조직으로 성장했다. 그 비결은 바로 '현명한 도구 선택'이었다.

"초기에는 우리도 솔루션 도입에 어려움을 겪었다. 비싼 돈을 들였지만 효과를 보지 못한 적도 있다. 이제는 명확한 기준을 가지고 도구를 선택한다."

1단계 : 스마트한 시작, 월 10만원으로 충분하다

가장 먼저 필요한 것은 데이터 기반의 고객 관리 시스템이다. "엑셀만 잘 활용해도 놀라운 효과를 볼 수 있다. 우리는 피벗 테이블로 고객 구매 패턴을 분석하고, 반복 작업을 자동화하여 업무 시간을 30%나 단축했다."

두 번째로 필요한 것은 무료 협업 도구다. Google 워크스페이스나 노션의 기본 기능만으로도 팀 전체의 정보 공유가 가능하다. "우리는 Google 캘린더로 일정을 공유하고, Google Docs로 제안서를 관리한다. 처음에는 낯설었지만, 한 달 만에 완벽하게 적응했다."

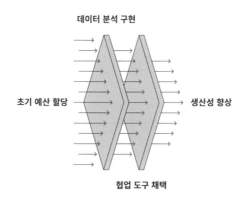

비용 효율적인 비즈니스 생산성 향상

2단계 : 월 50만원 투자, 모바일 혁신으로 도약한다!

월 50만원 수준의 투자가 가능해지면 모바일 영업 지원 앱을 도입할 때다. 일렉트로닉스는 이 단계에서 가장 큰 변화를 경험했다. "현장에서 실시간으로 재고를 확인하고 즉석에서 견적서를 발행할 수 있게 되면서 고객 상담 시간이 60%나 단축되었다. 무엇보다 고객 신뢰도가 크게 향상되었다."

이 단계의 핵심은 '선택과 집중'이다. 모든 것을 한 번에 바꾸려 하지 말고, 가장 시급한 문제를 해결할 수 있는 도구부터 도입해야 한다. "우리의 경우, 견적서 발행과 재고 확인이 가장 큰 문제였다. 이 두 가지에 집중하여 투자했고, 그 효과는 기대 이상이었다."

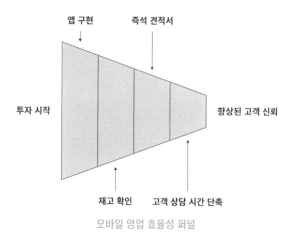

모바일 영업 효율성 퍼널

3단계 : 월 100만원 투자, 데이터 기반의 고도화

월 100만원 이상 투자 가능하다면 AI 기반 고객 분석 도구를 고려할 수 있다. 하지만 김 팀장은 신중한 접근을 강조한다. "고도화 단계의 도구는 강력하지만, 그만큼 위험 부담도 크다. 파일럿 프로젝트를 진행하고, ROI를 꼼꼼히 분석한 후 도입을 결정해야 한다."

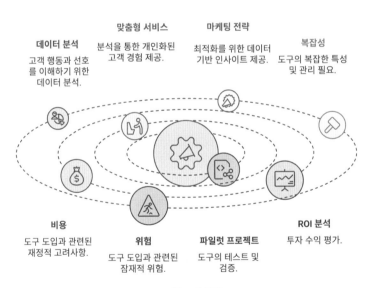

데이터 분석
고객 행동과 선호를 이해하기 위한 데이터 분석.

맞춤형 서비스
분석을 통한 개인화된 고객 경험 제공.

마케팅 전략
최적화를 위한 데이터 기반 인사이트 제공.

복잡성
도구의 복잡한 특성 및 관리 필요.

비용
도구 도입과 관련된 재정적 고려사항.

위험
도구 도입과 관련된 잠재적 위험.

파일럿 프로젝트
도구의 테스트 및 검증.

ROI 분석
투자 수익 평가.

AI 도구 도입 전략

실전 도구 선택 체크리스트

1. 현장 활용 가능성 : 실제 테스트, 현장 의견 수렴, 기존 시스템과의 호환성 확인
2. 데이터 호환성 : 데이터 이전 가능성, 타 도구와의 연동, 데이터 백업 방식 확인
3. 비용 효율성 : 숨은 비용 확인, 사용 편의성, 유지보수 비용, 총소유비용(TCO) 고려

똑똑하게 도구를 활용하는 팁

"가장 중요한 것은 '점진적 적용'이다. 처음부터 완벽한 시스템을 구축하려는 욕심은 버려야 한다. 작은 것부터 시작하여 성과를 확인하며 단계적으로 확장하는 것이 좋다."

김 팀장은 도입 초기 3개월이 중요하다고 강조한다. 이 기간 동안 도구의 성능을 면밀히 검토하고, 팀원들의 피드백을 반영하여 활용도를 높여야 한다. "우리는 매주 '디지털 도구 활용 공유회'를 개최한다. 작은 팁이라도 공유하며 서로 배우고 성장한다."

마지막으로 김 팀장은 중요한 점을 지적한다. "디지털 도구는 만능이 아니다. 궁극적인 목표는 '고객의 문제를 해결하는 것'이다. 아무리 좋은 도구라도 이 역할을 하지 못한다면 의미가 없다."

일렉트로닉스의 사례는 디지털 혁신의 성공이 거창한 투자가 아닌, 현명한 도구 선택과 꾸준한 노력에서 시작된다는 것을 보여준다. "시작이 두렵다면, 일단 작은 것부터 시작해본다. 그리고 끊임없이 배우고 개선하며 나아간다. 성공은 당신의 것이다."

Chapter.2

실시간 공유(Publicize)로
영업력을 높인다

디지털 시대에도 영업의 핵심 동력은 변함없다. 바로 '팀워크의 힘'이다. 과거에는 개인의 능력과 경험에 의존했지만, 이제는 조직 전체의 실시간 공유와 협업이 성패를 가른다. 단순한 정보 전달이 아닌, 조직의 집단 지성을 극대화하고 이를 통해 더 큰 성과를 만들어내는 것이 현대 영업의 핵심이다.

강한 영업의 성공 사례를 가장 잘 보여주는 기업이 바로 IT 솔루션 기업 테크솔루션이다. 테크솔루션은 개인의 역량에 의존하던 영업 방식에서 탈피해, 조직 전체의 지식과 경험을 실시간으로 공유하고 협업하는 시스템을 구축했다. 이를 통해 그들이 발견한 새로운 영업의 패러다임은 디지털 시대 영업의 방향성을 잘 보여준다.

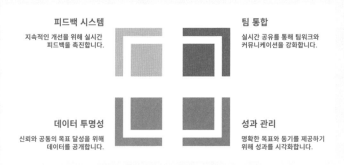

피드백 시스템
지속적인 개선을 위해 실시간 피드백을 촉진합니다.

팀 통합
실시간 공유를 통해 팀워크와 커뮤니케이션을 강화합니다.

데이터 투명성
신뢰와 공동의 목표 달성을 위해 데이터를 공개합니다.

성과 관리
명확한 목표와 동기를 제공하기 위해 성과를 시각화합니다.

거래 기록 디지털화 및 AI분석

첫째, '팀 전체가 하나 되는 실시간 정보 공유'를 실현한다. 한 사람의 성공 경험이나 실패의 교훈이 즉시 조직 전체의 자산이 되는 시스템을 구축한다. 이를 통해 개인의 역량이 조직의 역량으로 확장되는 선순환이 만들어진다.

둘째, '성과가 한눈에 보이는 시각화'를 구현한다. 마치 내비게이션처럼, 목표와 현재 위치, 나아갈 방향이 모두에게 명확하게 보인다. 이는 팀원들에게 분명한 방향성을 제시하고 자발적 동기부여를 이끌어낸다.

셋째, '투명한 데이터로 만드는 강한 팀워크'를 확립한다. 투명한 정보 공유는 신뢰의 기반이 된다. 모든 구성원이 동일한 정보를 바탕으로 의사결정에 참여할 때, 진정한 의미의 협업이 가능해진다.

넷째, '실시간 피드백으로 진화하는 조직'을 만든다. 일방적인 보고가 아닌, 즉각적인 양방향 소통을 통해 조직은 지속적으로 발전한다. 이는 마치 생명체처럼 자발적으로 성장하는 조직을 만드는 핵심이다.

이러한 프로세스들은 결국 하나의 목표를 향한다. 바로 '조직의 집단 지성을 극대화'하는 것이다. 디지털 도구는 이를 위한 수

단일 뿐, 궁극적으로는 팀원들 간의 신뢰와 협력을 강화하는 것이 핵심이다. 실시간 공유는 우리가 더 빠르게 배우고, 더 현명하게 의사결정을 내리며, 더 큰 성과를 만들어낼 수 있게 한다.

현대 영업의 승부는 더 이상 개인의 뛰어난 능력이 아닌, 조직 전체의 유기적인 협력에서 갈린다. 실시간 공유는 이러한 협력을 가능하게 하는 가장 강력한 도구이며, 이것이 바로 현대 영업의 새로운 패러다임이다.

팀 전체가 하나 되는
실시간 정보 공유

당신의 조직도 이런 문제로 고민하고 있나요?

"매일 아침 회의를 하는데 왜 성과는 제자리일까?"

"CRM은 도입했지만 실적은 나아지지 않는다."

"베테랑의 노하우가 사장되는 게 안타깝다."

"팀원들은 각자도생만 외치고 있다."

정보 공유는 영업 조직의 생존을 좌우하는 핵심 요소다. 특히 클라우드와 디지털 전환이 가속화되는 현재 상황에서는 실시간 으로 정보를 공유하고 대응하는 것이 더욱 중요하다. 테크솔루

선과 같은 IT 기업들은 이러한 변화를 더욱 절실하게 체감하고 있다. 하지만 많은 영업 조직이 정보 공유의 중요성을 알면서도 제대로 실행하지 못하는 것이 현실이다.

영업 현장에서 정보 공유가 잘 안 되는 첫 번째 이유는 영업 직원들의 개인주의적 성향 때문이다. "내가 오랜 시간 공들여 발굴한 고객 정보나 노하우를 왜 다른 사람과 나눠야 하나요?"라는 생각이 팽배하다. 두 번째는 정보 공유를 위한 시스템과 프로세스가 제대로 갖춰져 있지 않기 때문이다. CRM 같은 기본적인 도구는 있지만, 대부분 실적 보고용으로만 활용될 뿐이다. 세 번째는 정보 공유에 대한 동기부여가 부족하기 때문이다. 개인 실적 중심의 평가 시스템은 오히려 정보 공유를 막는 장벽이 되고 있다.

이러한 문제를 해결하기 위해 테크솔루션은 과감한 변화를 시도했다. 우선 실시간 정보 공유를 위한 체계적인 시스템을 구축했다.

"더 이상 아침 저녁으로 형식적인 보고만 하는 회의는 의미가 없습니다. 현장의 생생한 목소리가 실시간으로 공유되어야 합니다."

이대표의 말이다.

새로운 정보 공유 시스템의 핵심은 '오픈 보이스'와 '오픈 보드'다. 매일 아침 10분간 진행되는 오픈 보이스에서는 색다른 변화가 일어났다. "어제 A사에 프레젠테이션을 했는데, 클라우드 보안에 대한 우려가 컸습니다. 다른 분들은 이런 상황에서 어떻게 대응하시나요?" 이런 식의 실질적인 대화가 오가기 시작한 것이다.

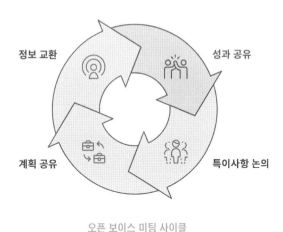

오픈 보이스 미팅 사이클

오픈 보드는 더욱 혁신적이었다. 실시간으로 업데이트되는 디지털 보드에는 각 영업사원의 활동이 투명하게 공개된다. "처음에는 부담스러웠지만, 오히려 다른 팀원들의 도움을 받을 기회가 늘었습니다." 김대리의 말처럼, 개인주의적 문화가 협력의 문화로 바뀌기 시작했다.

실시간 업데이트
정보가 즉시 반영되어 빠른
의사결정을 가능하게 함

고객 방문
팀원이 하루 동안 방문한
고객 수

계약 성과
성공적인 계약과 진행 중인
계약 구분

상담 진행
고객 상담의 현재 단계에
대한 정보

팀워크 향상을 위한 영업 활동 시각화

보상 체계도 달라졌다. 개인 실적 외에도 '정보 공유 지수'가 평가 항목에 추가되었다. 동료들에게 도움이 되는 정보를 공유하고, 이를 통해 팀 전체의 성과가 향상되면 추가 인센티브가 주어지는 것이다.

"이제는 동료의 성공이 곧 나의 성공이라는 생각이 듭니다."

박과장의 말이다.

정보의 질을 높이기 위한 노력도 이어졌다. 단순한 방문 일지가 아닌, 구조화된 템플릿을 활용해 고객의 니즈와 시장 동향을 체계적으로 기록한다.

"A사는 내년에 클라우드 전환을 검토 중이며, 특히 보안과 비용 효율성에 관심이 많습니다. 경쟁사 B의 제안에 대해서는 다음과 같은 우려를 제기했습니다…."

이런 구체적인 정보들이 실시간으로 공유되면서, 영업팀의 대응 능력이 크게 향상되었다. 특히 주목할 만한 것은 '집단 지성'의 힘이다. 한 영업사원의 경험이 팀 전체의 자산이 되고, 이것이 다시 개인의 성장으로 이어지는 선순환이 만들어진 것이다. 신입사원들은 선배들의 노하우를 빠르게 습득하고, 베테랑들은 젊은 직원들의 새로운 시각에서 배운다.

조직 성과 향상을 위한 단계

결과적으로 테크솔루션의 실시간 정보 공유 시스템은 단순한 정보 교환을 넘어, 조직 전체의 학습과 성장을 이끄는 핵심 동력이 되었다. 빠르게 변화하는 IT 시장에서, 이러한 집단 지성의 힘은 그 어떤 첨단 기술보다 강력한 경쟁력이 되고 있다.

당신의 조직은 아직도 정보를 독점하고 있는가? 지금 시작하라. 내일은 늦다. 디지털 시대의 영업 경쟁력은 개인의 능력이 아닌, 조직의 집단 지성에서 나온다.

한눈에 보이는
성과 관리와 동기부여

당신의 회사도 이런 문제로 고민하고 있지 않습니까?

"매달 말에야 실적을 확인하는 후행적 관리…"

"영업사원은 자신의 위치를 모른 채 불안에 시달리고…"

"서로의 정보를 공유하지 않는 개인주의적 문화…"

"실시간으로 도움이 필요할 때 받을 수 없는 현실…"

영업팀의 아침 8시, 사무실은 이미 활기가 넘친다. 벽면의 대형 디스플레이에는 각 영업사원의 실시간 활동 현황이 떠오른다. 고객 방문 일정, 상담 진행 상황, 계약 진행률 등이 색깔별로 구분되어 한눈에 들어온다.

정민 팀장은 오늘도 디스플레이 앞에서 생각에 잠긴다. 6개월 전 이 시스템을 도입하기로 결정했을 때만 해도 많은 우려가 있었다.

"매달 말에야 실적을 확인하는 후행적 관리로는 더 이상 안 된다고 판단했어요. 영업사원들은 자신의 위치를 모른 채 막연한 불안감에 시달렸고, 문제가 생겨도 적시에 대응할 수 없었죠. 무엇보다 서로의 정보를 공유하지 않는 개인주의적 문화가 가장 큰 걸림돌이었습니다."

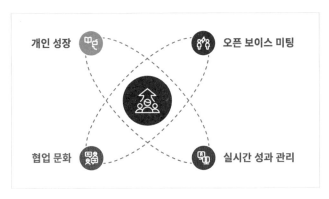

영업팀 혁신 개요

변화는 '오픈 보이스'라는 15분간의 아침 미팅에서 시작되었다. 매일 아침 8시 15분, 팀원들은 전날의 영업 경험을 공유한다. 단순한 실적 보고가 아닌, 구체적인 상황과 대응 방법을 나누는 시간이다.

"어제 A기업 미팅에서 흥미로운 경험을 했습니다. 처음에는 가격 문제로 난색을 보이셨는데, 경쟁사 대비 우리 제품의 유지보수 비용이 17% 저렴하다는 점을 강조하니 관심을 보이셨어요. TCO(총소유비용) 관점에서 접근하니 분위기가 확 바뀌더군요."

이런 구체적인 경험 공유는 다른 팀원들에게 실질적인 도움이 된다. 특히 입사 3개월차인 신입사원 미경 씨에게는 살아있는 교과서나 다름없다.

"선배님들의 실제 경험을 듣는 것만으로도 큰 공부가 됩니다. 특히 고객 응대 노하우나 협상 팁은 책에서는 배울 수 없는 것들이에요."

실시간 성과 관리 시스템은 이런 정보 공유를 더욱 체계화했다. 모든 영업 활동이 모바일 앱을 통해 실시간으로 입력되고, 빅데이터 분석을 통해 의미 있는 인사이트로 변환된다.

"오늘 오전 3건의 상담 중 2건에서 경쟁사 제품과의 비교 문의가 있었네요. 오후 미팅에서는 우리 제품의 차별화 포인트를 좀 더 강조해보세요."

시스템이 보내는 실시간 코칭 메시지다.

A기업 미팅과 성과관리

특히 주목할 만한 것은 '성과 피라미드' 시스템이다. 단순한 매출액이나 계약 건수가 아닌, '고객 만족도', '재계약률', '솔루션 제안 건수' 등 다차원적인 지표를 관리한다. 이는 영업사원들이 단기적인 실적에만 매몰되지 않고 장기적인 관점에서 고객 관계를 구축하도록 유도한다.

"처음에는 모든 활동이 공개되는 게 부담스러웠어요. 하지만 이제는 오히려 편합니다. 내 위치를 정확히 알 수 있고, 필요할 때 동료들의 도움을 받을 수 있으니까요."

10년차 베테랑 영업사원 준호 씨의 말이다.

시스템은 어려움을 겪는 팀원을 위한 'SOS 기능'도 제공한다. 영업사원이 현장에서 난관에 부딪혔을 때 즉시 도움을 요청할 수 있다. 요청을 받은 팀원들은 실시간으로 조언을 제공하거나, 필요한 경우 직접 현장 지원에 나선다.

"지난주 대형 프로젝트 협상이 막혔을 때였어요. SOS를 보내자마자 팀장님이 화상으로 연결해주셨고, 덕분에 새로운 돌파구를 찾을 수 있었죠."

변화의 효과는 숫자로 증명되었다. 시스템 도입 3개월 만에 팀 전체 실적이 27% 상승했다. 특히 하위권 영업사원들의 성장이 두드러졌다. 평균 계약 성사율이 12%에서 23%로 늘었고, 고객 만족도도 크게 향상되었다. 하지만 정민 팀장은 숫자보다 더 중요한 변화가 있다고 말한다.

"팀워크가 달라졌어요. 예전에는 각자도생이었지만, 이제는 진정한 의미의 '팀'이 되었죠. 서로의 성공과 실패를 함께 나누고, 배우고, 성장하는 문화가 자리잡았습니다."

팀워크로의 여정

오늘도 정민 팀장은 디스플레이를 보며 미소 짓는다. 숫자들 너머로 보이는 것은 함께 성장하는 팀원들의 모습이다. 성과 관리와 동기부여는 이제 더 이상 통제의 도구가 아닌, 팀 전체를 하나로 묶어주는 끈이 되었다.

도입 3개월 만에 일어난 변화

- 팀 전체 실적 27% 상승
- 계약 성사율 12%에서 23%로 증가
- 고객 만족도 41% 향상
- 영업사원 이직률 65% 감소

당신의 영업 조직은 아직도 월말에야 실적을 확인하고 있는 가? 지금 시작하라. 실시간 성과 관리와 동기부여는 선택이 아닌 필수다. 투명한 정보 공유, 실시간 피드백, 그리고 끈끈한 팀워크. 이 세 가지가 만나 시너지를 이룰 때, 진정한 의미의 '강한 영업 조직'이 완성되는 것이다.

투명한 데이터로 만드는
강한 팀워크

당신의 팀도 이런 고민을 하고 있지 않습니까?

"베테랑이 휴가만 가도 고객 대응이 멈춥니다."

"중요한 데이터가 개인 노트북에만 있습니다."

"신입은 여전히 '발로 뛰면서 배우라'는 말만 듣습니다."

"협업은 말뿐이고, 각자도생이 현실입니다."

회의실, 투명한 유리벽 너머로 흥미로운 광경이 펼쳐진다. 대
형 디스플레이 앞에 모인 영업팀원들이 각자의 태블릿을 들여다
보며 열띤 토론을 벌이고 있다.

"어제 방문한 H사의 구매 패턴을 보니 흥미로운 점이 발견됐습니다. 매년 4분기에 대규모 구매를 하는데, 그전에 반드시 경쟁사 제품을 테스트하더군요. 이번에는 선제적으로 대응해보면 어떨까요?"

정태영 팀장은 이런 변화가 믿기지 않을 때가 있다. 1년 전만 해도 이 팀의 분위기는 완전히 달랐다. 영업사원들은 자신만의 방식으로 고객 데이터를 관리했고, 중요한 정보는 철저히 개인의 자산으로 여겼다.

"영업 베테랑 김 과장이 갑자기 입원했을 때가 특히 기억나요. 그가 관리하던 주요 고객사의 데이터를 아무도 확인할 수 없었죠. 간단한 문의전화조차 제대로 응대하지 못했습니다. 그때 깨달았죠. 이래서는 안 되겠다고."

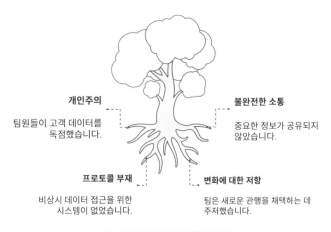

개인주의
팀원들이 고객 데이터를 독점했습니다.

불완전한 소통
중요한 정보가 공유되지 않았습니다.

프로토콜 부재
비상시 데이터 접근을 위한 시스템이 없었습니다.

변화에 대한 저항
팀은 새로운 관행을 채택하는 데 주저했습니다.

고객 데이터 관리에서의 협력 부족

변화는 '통합 데이터 플랫폼' 구축에서 시작됐다. 모든 영업활동이 실시간으로 시스템에 기록되고, 전체 팀원이 이를 공유한다. 특히 주목할 만한 것은 '고객 인사이트 맵'이다. 각 고객사의 구매 패턴, 불만사항, 경쟁사 제품 사용 현황 등이 한눈에 들어온다. 신입사원 민지는 이 시스템의 최대 수혜자다.

"예전에는 선배님들이 '발로 뛰면서 배워라'고 하셨대요. 지금은 달라요. 고객을 만나기 전에 시스템에서 모든 히스토리를 파악할 수 있죠. 특히 선배님들의 성공과 실패 사례를 통해 많이 배웁니다."

시스템의 핵심은 '실시간 협업 모듈'이다. 영업사원이 현장에서 어려움을 겪으면, AI가 즉시 유사한 상황을 성공적으로 해결한 경험이 있는 팀원을 매칭해준다.

"지난주 대형 프로젝트 미팅 중이었어요. 갑자기 예상치 못한 기술 문의가 들어왔죠. 당황했지만 시스템을 통해 즉시 도움을 요청했고, 10분 만에 상세한 자료와 함께 화상 지원을 받을 수 있었습니다."

데이터 투명성은 신뢰 구축의 핵심이 됐다. '오픈 스코어카드'를 통해 모든 성과 지표가 실시간으로 공개된다. 처음에는 부담스러워하던 팀원들도 이제는 이 시스템을 적극 활용한다.

"예전에는 월말에만 실적을 체크했어요. 문제가 생겨도 뒤늦게 알았죠. 지금은 실시간으로 상황을 파악하고 대응할 수 있어요. 특히 다른 팀원들의 성공 노하우를 바로 배울 수 있다는 게 큰 장점입니다."

통합 데이터 플랫폼의 변화

시스템은 'STAR 프레임워크'를 통해 정보의 질도 관리한다. 모든 데이터는 상황(Situation), 과제(Task), 행동(Action), 결과(Result)의 형식으로 정리된다. 이를 통해 단순한 정보 공유를 넘어 실질적인 학습이 가능해졌다.

성과는 눈에 띄게 나타났다. 시스템 도입 6개월 만에 팀 전체 실적이 35% 상승했다. 특히 신입사원들의 조기 전력화가 두드러진다. 평균 독자 영업 시작 시점이 6개월에서 3개월로 단축됐다.

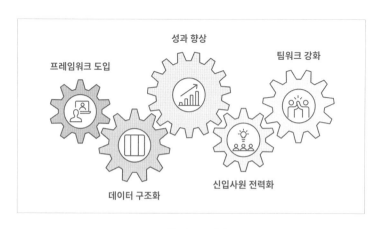

STAR 프레임워크로 팀워크 향상

정태영 팀장은 이제 확신한다. 성공적인 영업 조직의 비결은 결국 '투명성'과 '공유'에 있다는 것을.

데이터 기반 협업이 만든 변화

- 팀 전체 실적 35% 상승

- 신입사원 전력화 기간 50% 단축

- 고객 응대 시간 67% 감소

- 영업 제안 성공률 42% 향상

    당신의 팀은 아직도 개인의 능력과 경험에만 의존하고 있는가? 지금 시작하라. 데이터를 통한 협업은 더 이상 선택이 아닌 필수다. 투명한 데이터 공유야말로 진정한 '팀워크'의 시작이다.

피드백이 실시간으로 이루어지는 협업 시스템

4

당신의 팀도 이런 문제로 고민하고 있지 않습니까?

"한 달 내내 열심히 뛰었는데 월말에 보니 실적이 반토막…"

"문제가 생겨도 뒤늦게 알아서 대응이 늦어집니다."

"신입은 현장에서 혼자 고군분투하고 있습니다."

"피드백은 월말 회의 때 한 번, 그것도 일방적으로만…"

아침은 평소보다 일찍 시작됐다. 팀장 정우진의 모바일 화면에 빨간 알림이 깜빡인다.

"주의 : 김태호 팀원, 이번 주 상담 성공률 30% 하락. 긴급 코칭이 필요합니다."

1년 전까지만 해도 이런 즉각적인 대응은 상상할 수 없었다.

"한 달 동안 열심히 뛰었는데, 월말에 보니 실적이 목표의 절반도 안 됐어요. 그제서야 문제를 파악하고 대책을 세우려니 이미 늦어버린 거죠."

베테랑 영업사원 태호의 말이다. 실시간 피드백 시스템 도입은 이런 한계를 완전히 바꿔놓았다. 영업사원들의 모든 활동이 모바일 앱을 통해 실시간으로 입력되고, AI가 즉시 분석해 맞춤형 피드백을 제공한다.

"오늘 오전 기업 미팅에서 가격 협상이 난항을 겪고 있군요. 지난달 비슷한 상황에서 성공한 사례를 공유합니다. 특히 총소유비용(TCO) 관점의 접근이 효과적이었습니다."

특히 주목할 만한 것은 '실시간 코칭 시스템'이다. 영업사원이 현장에서 어려움을 겪을 때 즉시 도움을 받을 수 있다. 신입사원 민지는 이 시스템의 최대 수혜자다.

"첫 대형 고객사 미팅이었어요. 긴장된 상태에서 예상치 못한 질문을 받았죠. 바로 시스템에 'SOS'를 요청했더니, 5분 만에 팀장님과 화상연결이 됐어요. 실시간으로 조언을 받으며 미팅을 성공적으로 마칠 수 있었습니다."

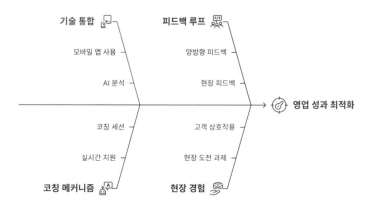

실시간 피드백 시스템을 통한 영업 성과 향상

이 시스템의 핵심은 '양방향 피드백 루프'다. 단순히 관리자가 지시하는 것이 아닌, 현장의 목소리도 적극 반영된다. 영업사원들은 피드백의 실효성에 대해 평가하고, 더 나은 대안을 제시할 수 있다.

베테랑 영업사원 현수는 이렇게 말한다.

"예전에는 위에서 내려오는 지시를 그대로 따라야 했어요. 지금은 달라요. '이 방식은 현장에서 효과적이지 않다'고 의견을 제시하면, 팀장님도 귀 기울여 주시고 함께 더 나은 방안을 찾습니다."

특히 효과적인 것은 '실시간 벤치마킹' 기능이다. 우수 실적자의 일하는 방식이 자동으로 분석되어 팀원들과 공유된다.

"이번 주 최고 실적을 올린 민지 님의 스케줄을 보니, 오전 시간을 신규 고객 발굴에 집중적으로 활용하고 있네요."

시스템은 위기 관리에도 탁월하다. 고객사의 불만이나 이탈 징후가 감지되면 즉시 경고를 보내고, 대응 방안을 제시한다.

"지난주 P사의 주문량이 전월 대비 30% 감소했습니다. 경쟁사 접촉 이력이 확인됩니다. 긴급 방문이 필요합니다."

동기부여도 잊지 않는다. '피드백 포인트' 제도를 통해 건설적인 피드백을 주고받는 문화를 만들었다. 매주 최고의 피드백을 선정하고 보상하니, 자연스럽게 팀원들의 참여가 늘어났다.

정우진 팀장은 "처음에는 너무 잦은 피드백이 오히려 역효과를 낼까 걱정했다"라며, "하지만 핵심적인 순간에 필요한 피드백을 제공하는 데 집중하니, 오히려 팀원들의 자발성과 전문성이 높아졌다"라고 말한다.

동기부여 및 피드백 제도

건설적인 피드백을
장려하여 팀원의
참여와 전문성을
높입니다

실시간 벤치마킹

성공적인 전략을
공유하여 팀 학습을
촉진합니다

위기 관리 시스템

문제를 즉시 감지하고
경고하여 신속한
대응을 지원합니다

팀 성과 향상

1년간의 변화는 숫자로도 증명됐다. 팀 전체 실적이 45% 상승했고, 특히 신입사원들의 조기 전력화가 두드러졌다. 하지만 가장 큰 변화는 팀의 분위기다.

"이제는 혼자가 아니라는 느낌이 들어요. 어려움이 있을 때 즉시 도움을 받을 수 있고, 내 경험이 다른 동료의 성장에 도움이 된다는 것도 알게 됐죠. 실시간 피드백이 우리를 진정한 '팀'으로 만들어준 거예요."

이것이 바로 현대 영업 조직이 지향해야 할 모습이다. 실시간 피드백은 단순한 점검 도구가 아닌, 팀원들의 성장과 협력을 이끄는 원동력이 되어야 한다.

하지만 더 중요한 것은 이 모든 변화의 중심에 '공유(Publicize)'가 있다는 점이다. 팀 전체가 하나 되는 실시간 정보 공유를 통해 시장의 변화에 빠르게 대응하고, 한눈에 보이는 성과 관리와 동기부여로 팀원들의 성장을 이끌며, 투명한 데이터로 강한 팀워크를 만들고, 실시간 피드백으로 지속적인 개선이 이루어진다.

정우진 팀장은 이렇게 말한다. "공유의 힘은 놀랍습니다. 예전에는 각자도생이었지만, 이제는 모든 정보와 경험이 팀의 자산이 되었죠. 한 사람의 성공 사례가 팀 전체의 성장 동력이 되고, 한 사람의 실패 경험이 모두의 교훈이 됩니다. 이것이 바로 진정한 '팀'의 모습입니다."

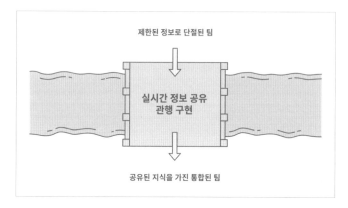

효과적인 정보 공유를 통한 팀워크 강화

정우진 팀장은 이제 확신한다. 실시간 피드백이야말로 영업 조직의 심장이라는 것을.

실시간 피드백이 만든 변화

- 팀 전체 실적 45% 상승
- 고객 대응 속도 71% 향상
- 영업 제안 성공률 38% 증가
- 신입사원 전력화 기간 52% 단축

당신의 팀은 아직도 월말에야 문제를 파악하고 있는가? 지금 시작하라. 실시간 피드백은 더 이상 선택이 아닌 필수다. 적시의 코칭과 즉각적인 대응이야말로 강한 영업 조직의 시작이다.

Chapter.3

영업 직원(people)을
디지털 고수로 만든다

디지털 시대에도 영업의 주체는 변함없다. 바로 '사람'이다. 과거에는 개인의 직관과 열정만으로도 성공할 수 있었지만, 이제는 디지털 역량과 인간적 통찰력을 겸비한 '하이브리드형 인재'가 필요하다. 단순한 기술 습득이 아닌, 디지털 도구를 통해 인간적 가치를 더욱 빛나게 만드는 것이 현대 영업의 핵심이다.

이러한 인재 혁신을 성공적으로 이끈 강한영업의 사례가 바로 건강기능식품 전문기업 헬시라이프의 이야기다. 창업 20년 차의 헬시라이프는 전통적인 영업 방식에서 과감히 탈피하여, 디지털 시대에 맞는 새로운 영업 인재상을 정립하고 체계적인 육성 시스템을 구축했다. 그들이 만들어낸 하이브리드형 인재 양성 프로그램은 디지털 시대 영업 조직의 새로운 표준이 되고 있다.

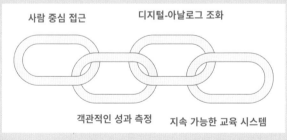

디지털 영업 혁신

디지털 고수가 되는 네 가지 핵심

첫째, '베테랑의 경험을 디지털로 업그레이드'한다. 오랜 경험을 통해 축적된 노하우를 디지털 환경에서 더욱 효과적으로 발휘할 수 있게 만든다. 고객의 미묘한 감정 변화를 읽어내는 베테랑의 직관이 온라인 상담에서도 빛을 발하게 되는 것이다.

둘째, '객관적 데이터로 성장하는 영업 조직'을 만든다. 모든 영업 활동이 데이터로 기록되고 분석되어, 각자의 강점과 개선점이 명확히 보인다. 이는 평가의 도구가 아닌, 지속적인 성장을 위한 나침반이 된다.

셋째, '디지털과 아날로그의 완벽한 조화'를 이룬다. AI의 정확한 분석과 인간의 섬세한 공감 능력이 만나 시너지를 발휘한다. 기술은 더 나은 인간적 소통을 위한 도구가 되어, 고객 경험을 한 차원 높게 만든다.

넷째, '체계적인 성장 시스템'을 구축한다. 단계별 맞춤 교육, 실전 중심 훈련, 멘토링 등을 통해 모든 영업 직원이 디지털 전문가로 성장하는 명확한 경로를 제시한다.

이러한 프로세스들은 결국 하나의 목표를 향한다. 바로 '최고의 영업 전문가 육성'이다. 디지털 기술은 이를 위한 도구일 뿐,

궁극적으로는 사람의 역량을 극대화하는 것이 핵심이다. 디지털 도구는 우리가 더 효율적으로 일하고, 더 정확한 의사결정을 내리며, 더 깊이 있는 고객 관계를 구축할 수 있게 돕는다.

결국 영업의 디지털 전환은 기술 도입이 아닌, 사람의 변화에서 시작된다. 영업 직원들이 디지털 환경에서도 자신의 강점을 발휘하고, 더 나아가 새로운 가치를 창출할 때, 진정한 의미의 디지털 혁신이 완성된다. 이것이 바로 현대 영업의 새로운 패러다임이다.

기존 인력을
디지털 전문가로 키우는 법

1

헬시라이프는 창업 20년 차의 건강기능식품 전문기업이다. 최근 구독경제가 부상하면서 기존의 방문판매 중심 영업 방식으로는 한계에 직면했다. 특히 코로나19 이후 비대면 거래가 급증하면서 디지털 전환은 선택이 아닌 필수가 되었다.

"우리 직원들은 20년 동안 발로 뛰어왔습니다. 갑자기 디지털로 전환하라고 하니 어려워하는 게 당연하죠."

헬시라이프 김영업 대표의 말이다. 실제로 현장에서는 강한 저항이 있었다.

"저는 지금까지 고객 얼굴 보면서 상담했습니다. 화면 보면서 어떻게 고객 마음을 읽나요?"

25년 차 베테랑 영업사원 박상담 부장의 말처럼, 대면 영업에 익숙한 직원들은 디지털 전환에 대한 두려움이 컸다.

하지만 헬시라이프는 포기하지 않았다. 우선 디지털 전환의 필요성을 공유하는 데 집중했다. 매주 화요일 아침, '디지털 트랜스포메이션 워크숍'을 열어 시장 변화와 소비자 트렌드를 분석했다. 특히 MZ세대의 건강기능식품 구매 패턴을 집중적으로 연구했다.

"젊은 층은 건강에 대한 관심이 높지만, 대면 상담은 부담스러워합니다. 온라인으로 정보를 찾고, 구독 서비스를 선호하죠."

트렌드 분석가의 설명에 베테랑 영업사원들도 고개를 끄덕이기 시작했다.

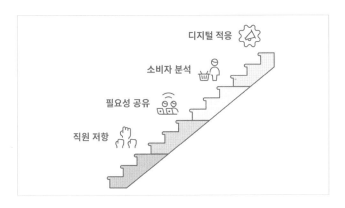

헬시라이프의 디지털 전환 여정

다음 단계는 단계별 디지털 역량 강화였다. 헬시라이프는 '디지털 러닝 로드맵'을 만들었다. 1단계는 기본 디지털 도구 활용, 2단계는 온라인 상담 스킬, 3단계는 데이터 분석과 활용이다. 특히 연령대별로 맞춤형 교육을 실시했다.

50대 이상 베테랑들을 위해서는 '디지털 기초 과정'을 개설했다. CRM 시스템 사용법부터 화상 회의 툴 활용까지, 기초부터 차근차근 가르쳤다.

> "처음에는 컴퓨터 켜는 것도 어려워했지만, 3개월 후에는 데이터 분석까지 하더라고요."

교육 담당자의 말이다.

30-40대는 '디지털 마케팅 과정'을 통해 SNS 활용법, 콘텐츠 제작, 데이터 분석을 배웠다. 특히 구글 애널리틱스를 활용한 고객 행동 분석은 영업 전략 수립에 큰 도움이 되었다.

가장 혁신적인 것은 '디지털 멘토링' 제도였다. 젊은 직원과 베테랑을 한 팀으로 구성해 서로의 강점을 공유하게 했다. 베테랑은 영업 노하우와 고객 심리 분석법을, 젊은 직원은 디지털 도구 활용법을 가르쳐주는 방식이다.

"처음에는 어색했지만, 지금은 최고의 파트너죠. 저는 디지털 도구 사용법을 배우고, 후배는 영업 노하우를 배우니 윈윈입니다."

박상담 부장의 말이다.

특히 주목할 만한 것은 '디지털 플레이그라운드'다. 실제 상담 환경과 똑같은 가상 공간을 만들어 직원들이 자유롭게 연습할 수 있게 했다. 여기서는 실수해도 괜찮다. 오히려 실수를 통해 배우는 것을 장려했다.

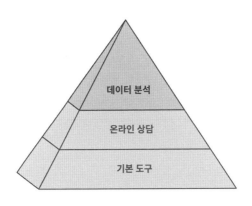

디지털 역량 구출 피라미드

"처음에는 화상 상담이 어색했지만, 플레이그라운드에서 충분히 연습하니 자신감이 생겼어요."

15년 차 최영업 과장의 말이다. 6개월이 지난 후, 변화가 나타나기 시작했다. 전체 영업 인력의 80%가 디지털 도구를 자유롭게 다루게 되었다. 온라인 상담 성공률도 기존 대면 상담과 비슷한 수준까지 올라갔다.

특히 베테랑들의 변신이 놀라웠다. 박상담 부장은 유튜브 채널 '건강맘 TV'를 시작했다. 25년간의 상담 경험을 살려 육아맘들을 위한 건강 정보를 제공하는데, 구독자가 10만 명을 넘었다.

최영업 과장은 데이터 분석을 통해 신규 타깃을 발굴했다. 재택근무 증가로 인한 직장인들의 건강 고민을 포착하고, 맞춤형 구독 서비스를 제안해 큰 성과를 거뒀다.

이런 변화는 실적으로 이어졌다. 구독 서비스 매출이 전년 대비 150% 증가했고, 온라인 상담 고객 만족도는 95%를 기록했다. 특히 MZ세대 고객이 30% 늘어난 것은 큰 성과다.

"디지털 전환은 도구를 바꾸는 게 아니라 마인드를 바꾸는 것입니다."

김영업 대표의 말이다. 실제로 헬시라이프의 성공 비결은 기술 도입이 아닌 사람에 대한 투자였다.

이제 헬시라이프의 영업사원들은 스스로를 '디지털 헬스 컨설턴트'라고 부른다. 단순한 판매가 아닌, 데이터에 기반한 전문적인 건강 상담을 제공하는 전문가로 거듭난 것이다.

헬시라이프의 디지털 전환 여정

성공의 열쇠는 '점진적 혁신'이었다. 급격한 변화 대신 단계적 접근을 택했고, 베테랑들의 경험을 존중하면서 새로운 기술을 접목했다. 이는 다른 기업들에게도 좋은 모델이 될 수 있다.

데이터로 성과를 정확히
측정하고 보상하기

헬시라이프는 기존의 아날로그 방식에서 디지털 기술 중심으로 업무 방식을 바꾸면서, 단순한 도구 사용을 넘어 데이터를 기반으로 한 성과 관리 방식으로 자연스럽게 발전했다. 모든 영업 활동이 숫자와 통계로 기록되면서, 이전에는 할 수 없었던 객관적인 성과 측정이 가능해진 것이다.

이 팀장은 "예전에는 영업사원의 실적을 단순히 판매 금액으로만 평가했지만, 이제는 고객과 나누는 모든 대화와 상호작용을 구체적으로 분석할 수 있다"라고 설명한다. 새로운 성과 관리 방식의 핵심은 '전방위 영업 활동 분석'이다. 이는 고객과의 소통, 온라인 콘텐츠 제작, 정보 활용이라는 세 가지 영역을 중심으로 구성된다.

고객과의 소통은 더욱 자세하게 분석된다. 온라인 상담의 경우, 고객 질문에 첫 답변을 하기까지 걸린 시간, 문제를 완전히 해결하는 데 걸린 시간, 추가 질문에 답변한 비율 등을 꼼꼼히 확인한다. 특히 눈에 띄는 것은 '고객 감정 읽기 시스템'이다. 인공지능 기술로 고객의 메시지에 담긴 감정을 파악하고, 그에 맞는 적절한 답변을 했는지를 평가한다. 예를 들어, 불만을 가진 고객에게는 더 자세한 설명과 공감하는 말을 했는지 확인한다.

또한 '여러 창구를 통한 응대의 일관성'도 중요하게 본다. 한 고객이 카카오톡, 이메일, 전화 등 다양한 방법으로 문의했을 때, 같은 내용의 답변을 하고 이전 상담 내용을 잘 기억했는지를 평가한다. "고객이 같은 설명을 반복할 필요가 없어져서 만족도가 크게 올랐다"고 박상담 부장은 말한다.

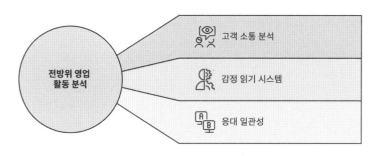

영업 성과를 혁신하는 다각적 분석

정보 활용 능력 평가도 더욱 깊이있게 이루어진다. 고객 관리 시스템에서는 단순히 얼마나 자주 들어왔는지가 아니라, 고객 정보를 얼마나 정확하고 자세하게 기록했는지를 본다. 예를 들어, 고객의 건강 고민이나 생활습관을 얼마나 구체적으로 적었는지, 이런 정보를 제품 추천에 어떻게 활용했는지를 평가한다.

특히 '미래 예측 능력'이 중요한 평가 기준이다. 쌓인 정보를 바탕으로 고객이 다음에 언제, 어떤 제품을 살지 예측하고, 미리 제안을 했는지를 본다. 최영업 과장은 "고객이 필요로 할 때를 미리 파악해서 연락드리니, 성과가 2배 이상 좋아졌다"고 말한다.

'시장 분석 보고서' 작성도 평가한다. 단순한 판매 숫자가 아닌, 시장의 변화와 고객의 새로운 요구사항을 분석한 보고서를 매주 써야 한다. 이 보고서는 모든 직원이 함께 보며, 좋은 의견을 낸 사람은 추가 보상을 받는다.

성과를 정확하게 측정하기 위해서는 더욱 세밀한 평가 체계가 필요했다. '동료 평가'는 단순한 점수 매기기가 아닌 '실제 사례 분석' 방식으로 진행된다. 실제 상담 내용에서 개인정보를 지운 후, 다른 팀원들이 그 상담이 얼마나 잘 이루어졌는지 평가하는 것이다.

이 과정에서 '여러 관점 평가'가 이루어진다. 같은 상담 사례를 경험 많은 영업사원, 온라인 마케팅 전문가, 고객 서비스 담당자가 각자 다른 시각에서 평가하고, 이를 모두 합쳐 최종 점수를 낸다.

특히 눈에 띄는 것은 '고객 평가단' 제도다. 오랫동안 제품을 사용한 단골 고객 중 일부를 평가단으로 모셔서, 실제 고객 입장에서 영업사원들의 서비스 품질을 평가받는다. "처음에는 부담스러웠지만, 진짜 고객의 의견을 직접 들으니 더 빨리 실력이 늘 수 있었다"고 김디지털 사원은 말한다.

이런 모든 평가는 '성과 기록표'에 모인다. 각 분야별 점수가 실시간으로 업데이트되며, 영업사원들은 휴대폰으로 언제든 자신의 성과를 볼 수 있다. 특히 같은 업계 평균 점수, 가장 높은 점수도 함께 보여줘서 스스로 더 잘하고 싶은 마음이 들게 만든다.

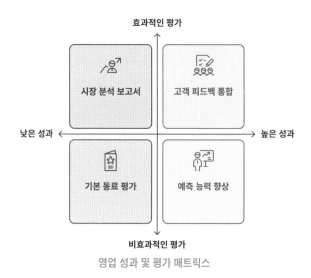

영업 성과 및 평가 매트릭스

보상 제도도 더 자세해졌다. '단계별 보상'이 새로 생겨서, 특정 실력을 갖출 때마다 추가 상금을 받을 수 있다. 예를 들어, 정보 분석 자격증을 따거나, 3달 연속으로 고객 만족도 95점 이상을 받으면 보너스를 준다.

이렇게 꼼꼼한 평가와 보상 제도는 놀라운 결과를 가져왔다. 회사를 떠나는 직원이 절반으로 줄었고, 직원들의 만족도는 30%나 올랐다. 더욱 중요한 것은 영업팀의 분위기가 완전히 바뀌었다는 점이다. 이데이터 팀장은 "이제는 서로의 잘한 점을 배우고 나누는 것이 일상이 되었다"며, "정확한 정보를 바탕으로 서로 도움이 되는 조언을 할 수 있게 되었기 때문"이라고 설명한다.

헬시라이프의 사례는 디지털 기술을 도입하는 것이 단순히 새로운 도구를 쓰는 것이 아니라, 회사의 문화와 평가 방식을 새롭게 바꾸는 일임을 보여준다. 공정한 평가와 그에 맞는 보상은 이러한 변화가 계속 이어질 수 있게 하는 가장 중요한 요소인 것이다.

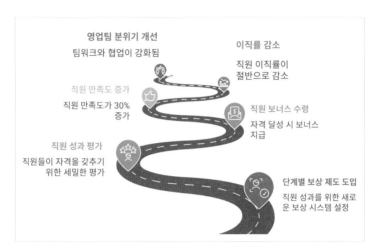

단계별 보상 제도의 영향

이러한 변화는 단순히 회사 내부의 변화에 그치지 않았다. 고객들도 달라진 서비스를 체감하기 시작했다. "예전에는 단순히 제품을 팔기만 했다면, 이제는 고객의 건강과 생활 패턴을 고려한 맞춤형 제안을 할 수 있게 되었다"는 최영업 과장의 말처럼, 헬시라이프는 진정한 의미의 건강 파트너로 거듭나고 있다.

디지털과 아날로그를 결합한
최강의 영업팀 만들기

3

헬시라이프는 영업사원들의 디지털 역량을 높이고 데이터 기반의 성과 관리 체계를 구축한 후, 한 가지 중요한 과제에 직면했다. 오랜 경험에서 나오는 영업 노하우와 새로운 디지털 기술을 어떻게 조화롭게 결합할 것인가 하는 문제였다.

"디지털 도구는 좋지만, 고객의 표정과 말투에서 느껴지는 미묘한 감정까지는 읽을 수 없습니다." 25년 경력의 박상담 부장의 말이다. 실제로 건강기능식품 상담에서는 고객의 건강 고민을 깊이 이해하고 공감하는 것이 무엇보다 중요하다.

헬시라이프는 이 문제를 해결하기 위해 '하이브리드 영업 시스템'을 도입했다. 이는 디지털 기술의 정확성과 사람만이 할 수 있는 섬세한 고객 응대를 결합한 새로운 방식이다.

　우선 상담 과정을 '데이터 기반 분석'과 '감성 케어' 두 단계로 나눴다. 첫 단계에서는 AI 분석 도구를 활용해 고객의 건강 상태, 생활습관, 과거 구매 이력 등을 종합적으로 분석한다. 이를 통해 고객에게 필요한 영양소와 제품을 과학적으로 파악한다.

　두 번째 단계에서는 경험 많은 영업사원이 이 데이터를 바탕으로 고객과 직접 소통한다. "데이터는 시작점일 뿐입니다. 실제 상담에서는 고객의 일상적인 이야기를 듣고, 그들의 걱정거리에 공감하는 것이 중요해요." 최영업 과장의 설명이다.

하이브리드 영업 시스템의 결과

특히 주목할 만한 것은 '맞춤형 건강 스토리' 작성법이다. 영업사원들은 데이터 분석 결과와 실제 상담 내용을 바탕으로 각 고객만의 건강 이야기를 만든다. 예를 들어, 직장과 육아를 병행하는 30대 여성 고객이라면, 그의 바쁜 일상에 맞춘 영양 섭취 방법과 간단한 건강 관리 팁을 함께 제안한다.

이러한 접근은 놀라운 효과를 가져왔다. 제품 재구매율이 40% 상승했고, 고객 추천에 의한 신규 고객 유입도 2배 늘었다. "데이터는 고객의 건강 상태를 정확히 파악하게 해주고, 경험은 그것을 고객의 삶에 자연스럽게 녹여내는 역할을 합니다."

이데이터 팀장의 설명이다.

헬시라이프는 이러한 경험을 '디지털 건강 코치 매뉴얼'로 체계화했다. 이 매뉴얼은 다음과 같은 핵심 요소로 구성된다.

1. 데이터 해석 가이드 : 건강 검진 결과, 생활습관 데이터를 어떻게 읽고 해석할 것인지
2. 고객 유형별 상담 시나리오 : 연령, 직업, 생활패턴에 따른 맞춤형 상담 방법

3. 건강 스토리텔링 기법 : 데이터를 고객이 공감할 수 있는 이야기로 전환하는 방법
4. 디지털 도구 활용법 : 화상 상담, 건강 관리 앱 등을 효과적으로 활용하는 방법

특히 '건강 코칭 플레이북'은 베테랑 영업사원들의 노하우를 디지털 시대에 맞게 재해석한 것이다. 예를 들어, 비대면 상담에서도 고객과의 신뢰를 쌓을 수 있는 대화 기법, 건강 고민을 효과적으로 끌어내는 질문법 등이 포함되어 있다.

디지털 건강 코칭의 차원 탐색

신입 영업사원 교육도 완전히 바뀌었다. '디지털 러닝'과 '현장 실습'을 번갈아 진행하는 방식이다. 온라인으로 제품 지식과 데

이터 분석법을 배운 후, 베테랑 사원과 함께 실제 상담을 진행하면서 실전 감각을 익힌다.

"디지털 도구는 우리의 능력을 확장해주는 도구일 뿐, 결국 중요한 것은 사람입니다."

김영업 대표의 말이다. 실제로 헬시라이프의 영업사원들은 이제 단순한 제품 판매자가 아닌, '디지털 시대의 건강 파트너'로 진화하고 있다.

이러한 변화는 고객 서비스의 질적 향상으로 이어졌다. 예를 들어, 정기 구독 고객을 위한 '건강 여정 프로그램'은 데이터 분석과 인간적 케어의 완벽한 조화를 보여준다. 매달 고객의 건강 상태 변화를 데이터로 추적하면서, 영업사원이 직접 전화나 메시지로 격려와 조언을 전하는 방식이다.

"단순히 제품을 파는 것이 아니라, 고객의 건강한 삶을 함께 만들어가는 동반자가 되는 것이 우리의 목표입니다."

박상담 부장의 말처럼, 헬시라이프는 디지털과 아날로그의 장점을 결합해 진정한 의미의 건강 케어 서비스를 제공하고 있다.

이러한 접근은 영업팀 내부의 세대 간 격차도 자연스럽게 해소했다. 젊은 직원들은 베테랑들의 경험에서 배우고, 베테랑들은 젊은 직원들의 디지털 감각을 흡수하면서 서로 성장하는 선순환이 만들어진 것이다.

고객 서비스 개선을 위한 여정

헬시라이프의 사례는 디지털 전환 시대에 인간의 경험과 직관이 여전히 중요하다는 것을 보여준다. 기술은 우리의 능력을 확장해주는 도구이지만, 그것을 의미 있게 활용하는 것은 결국 사람의 몫이라는 것이다. 이는 앞으로의 영업 조직이 나아가야 할 방향을 제시하는 좋은 본보기가 되고 있다.

전문가가 알려주는
디지털 영업 교육 노하우

헬시라이프는 디지털 전환 과정에서 얻은 교훈을 체계적인 교육 프로그램으로 발전시켰다. "새로운 영업 방식을 가르치는 것은 마치 외국어를 가르치는 것과 같습니다. 기초부터 차근차근 쌓아가야 해요." 교육을 총괄하는 이교육부장의 말이다.

이 교육 프로그램의 첫 번째 특징은 '단계별 맞춤 학습'이다. 영업사원의 경력과 디지털 활용 능력에 따라 교육 내용을 다르게 구성한다. 신입 사원은 건강기능식품 기초 지식과 기본적인 디지털 도구 사용법부터 배운다. 반면 경력자는 데이터 분석과 고객 인사이트 도출 방법을 중점적으로 학습한다.

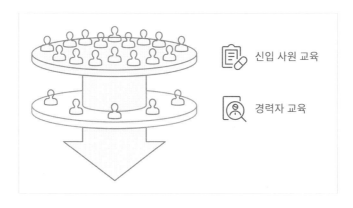

맞춤형 영업 교육 여정

"처음에는 너무 어려울 것 같았는데, 쉬운 것부터 하나씩 배우다 보니 어느새 데이터 분석까지 할 수 있게 되었어요."

입사 3년 차 김신입 사원의 말이다. 특히 '디지털 러닝 맵'을 통해 자신의 학습 진도와 다음 목표를 한눈에 볼 수 있어 동기부여가 된다고 한다.

두 번째 특징은 '실전 중심 교육'이다. 이론 교육은 최소화하고, 실제 상황을 바탕으로 한 사례 학습을 주로 한다. 예를 들어, '디지털 상담 시뮬레이션'에서는 실제 고객 데이터를 바탕으로 만든 가상의 상담 상황을 연습한다.

"고객의 건강검진 결과와 생활습관 데이터를 보면서 어떤
제품을 추천할지, 어떻게 설명할지 실전처럼 연습합니다."

교육 담당 최트레이너 과장의 설명이다. 이러한 연습은 화상
상담 시 자주 발생하는 돌발 상황에도 침착하게 대응할 수 있는
능력을 길러준다.

특히 주목할 만한 것은 '역할 맞바꾸기 학습'이다. 영업사원들
이 번갈아 가며 고객 역할을 맡아보는 것이다.

"고객의 입장이 되어보니, 내가 평소에 놓치고 있던 부분들이
보이더라고요." 박상담 부장의 말이다.

세 번째 특징은 '디지털 도구와 경험의 조화'다. 베테랑 영업
사원들의 노하우를 디지털 시대에 맞게 재해석하여 교육 내용에
반영한다. 예를 들어, 오랜 경험에서 나온 고객 응대 노하우를
온라인 상담에 맞게 수정하여 매뉴얼화했다.

"고객의 말 한마디에서 진짜 needs를 파악하는 베테랑들
의 직관을 디지털 상담에서도 살릴 수 있도록 돕는 것이 중
요합니다."

이교육 부장의 설명이다. 이를 위해 '디지털 고객 심리 분석' 과정도 새로 개발했다.

디지털 교육 전략

교육 효과를 높이기 위한 특별한 장치도 있다. '버디 시스템'이 그것이다. 디지털에 능숙한 젊은 직원과 영업 경험이 풍부한 베테 랑을 짝지어 서로 배우게 하는 것이다. "서로의 부족한 점을 채워주 면서 함께 성장하는 게 느껴져요." 김신입 사원의 말이다.

이러한 교육은 정기적인 '스킬 체크'로 이어진다. 월 1회 진행되 는 실력 진단에서는 디지털 도구 활용능력부터 고객 상담 스킬까 지 종합적으로 평가한다. 부족한 부분은 맞춤형 보충 교육을 통해 보완한다.

특히 '디지털 건강 코치 인증제'를 도입해 동기부여를 강화했다.

1급부터 3급까지 등급별로 필요한 역량을 명확히 하고, 승급 시 인센티브를 제공한다. "명확한 성장 경로가 보이니 더 열심히 하게 됩니다." 최영업 과장의 말이다.

교육 효과 극대화 전략

헬시라이프의 디지털 영업 혁신은 결국 '사람'에 초점을 맞춘 변화였다. 1절에서 다룬 디지털 전문가 육성, 2절의 데이터 기반 성과 관리, 3절의 디지털과 아날로그의 조화, 그리고 4절의 체계적인 교육 시스템까지, 모든 혁신의 중심에는 '영업 직원'이 있다.

회사가 아무리 좋은 시스템을 갖추어도 그것을 활용하는 것은 결국 사람이다. 디지털 시대의 영업은 더 이상 개인의 능력과 경험에만 의존하지 않는다. 체계적인 육성 시스템을 통해 성장하고, 데이터를 통해 객관적으로 성과를 측정하며, 디지털과 아날로그 역량을 모두 갖춘 전문가로 거듭나야 한다. 이것이 바로 헬시라이프가 보여준 디지털 시대 영업 혁신의 핵심이다.

Chapter.4

고객의 마음을 사로잡는
프로세스(Process)

디지털 시대에도 영업의 본질은 변함없다. 바로 '고객의 마음을 얻는 것'이다. 과거에는 영업 담당자의 직관과 경험에 의존했지만, 이제는 데이터와 디지털 기술이 그 해답을 제시한다. 단순한 숫자의 나열이 아닌, 고객의 심리와 행동을 과학적으로 분석하고 이해하는 것이 바로 현대 영업의 핵심이다.

고객의 마음을 사로잡는 프로세스

첫째, 구매심리 프로세스를 데이터로 해석한다. 고객이 구매를 결정하기까지 '불안-불신-불필요-부적합-불급-예산초과–

불만족'이라는 7단계를 거친다는 사실이 빅데이터 분석을 통해 밝혀졌다. 각 단계별로 고객이 느끼는 심리적 장벽을 정확히 파악하고, 이를 효과적으로 해소하는 것이 성공적인 영업의 시작이다.

둘째, 고객의 진짜 니즈가 숫자로 보인다. 정량적 데이터(구매 금액, 방문 횟수 등)와 정성적 데이터(상담 내용, 불만 사항 등)를 통합 분석하면 고객도 미처 깨닫지 못한 잠재적 요구사항이 드러난다. 이는 마치 퍼즐을 맞추듯 숫자와 글로 된 정보를 연결하여 고객의 진정한 모습을 발견하는 과정이다.

셋째, 영업 성과가 실시간 대시보드로 한눈에 보인다. 자동차의 계기판처럼, 영업 현장의 모든 상황이 실시간으로 화면에 표시된다. 이를 통해 의사결정 시간이 대폭 단축되고, 영업과 마케팅의 협업이 더욱 원활해진다. 특히 빠르게 변화하는 시장 상황에서 실시간 대응이 가능해진다는 점이 큰 강점이다.

넷째, AI가 매출과 리스크를 예측한다. 마치 일기예보처럼, AI는 미래의 영업 상황을 예측한다. 과거의 판매 데이터뿐만 아니라 날씨, 요일, 주변 행사 등 다양한 변수를 고려하여 높은 정확도의 예측을 제공한다. 또한 잠재적 위험 요소를 미리 감지하여 선제적 대응이 가능하게 한다.

이러한 프로세스들은 결국 하나의 목표를 향한다. 바로 '고객의 마음을 사로잡는 것'이다. 디지털 기술은 이를 위한 도구일 뿐, 궁극적으로는 고객과의 신뢰 관계를 구축하는 것이 핵심이다. 데이터는 우리가 고객을 더 깊이 이해하도록 돕고, 더 나은 서비스를 제공할 수 있게 한다.

결국 강한 영업은 과학적 프로세스와 인간적 통찰의 조화에서 시작된다. 디지털 시대의 영업은 더 이상 '찍기'나 '밀어내기'가 아닌, 데이터에 기반한 체계적이고 과학적인 접근을 통해 고객의 마음을 얻는 것이다. 이것이 바로 현대 영업의 새로운 패러다임이다.

구매심리 프로세스
7단계 데이터 분석

지난 15년간 영업 현장에서 가장 많이 받았던 질문이 있다. "고객이 우리 제품을 왜 안 사는 걸까요?" 이 질문에 대한 답을 찾기 위해 수많은 기업들이 노력해왔다. 과거에는 영업 담당자의 경험과 직관에 의존했지만, 이제는 데이터를 통해 객관적인 답을 찾을 수 있게 되었다.

앞서 3장에서 설명했듯이, 디지털 전환 시대의 고객 심리는 매우 복잡하고 다양한 형태로 나타난다. 하지만 흥미로운 점은 수많은 데이터를 분석해보면 일정한 패턴이 있다는 것이다. 이러한 패턴을 체계적으로 정리한 것이 바로 '7단계 구매심리 프로세스'다.

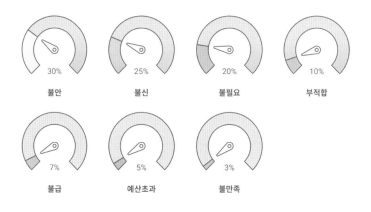

고객 구매 여정 이탈률

첫 번째 단계는 '불안'이다. 고객은 새로운 제품이나 서비스를 접할 때 본능적으로 불안감을 느낀다. "이 제품이 정말 우리 회사에 필요할까?", "이 가격이 적정한 걸까?" 등의 의문이 생기는 것이다. 데이터 분석 결과, 이 단계에서 전체 고객의 약 30%가 구매를 포기하는 것으로 나타났다.

두 번째 단계는 '불신'이다. 불안감을 극복했다 하더라도 제품과 기업에 대한 신뢰가 형성되지 않으면 구매로 이어지지 않는다. "이 회사가 얼마나 믿을 만한가?", "애프터서비스는 제대로 될까?" 등의 의구심이 생긴다. 이 단계에서는 약 25%의 고객이 이탈한다.

세 번째 단계는 '불필요'다. 제품 자체에 대한 필요성을 느끼지 못하는 단계다. "지금 당장 필요한가?", "기존 방식으로도 충분하지 않나?" 등의 생각이 든다. 약 20%의 고객이 이 단계에서 멈춘다.

네 번째 단계는 '부적합'이다. 제품의 필요성은 인정하지만 자사의 상황과 맞지 않다고 판단하는 단계다. "우리 회사 규모에 너무 과한 것 아닐까?", "직원들이 잘 활용할 수 있을까?" 등을 고민한다. 10%의 고객이 이 단계에서 발걸음을 멈춘다.

다섯 번째 단계는 '불급'이다. 필요성과 적합성은 인정하지만 시기적으로 급하지 않다고 판단하는 단계다. "내년 예산에 반영하면 어떨까?", "좀 더 지켜보자" 등의 생각이 든다. 7%의 고객이 이 단계에서 구매를 미룬다.

여섯 번째 단계는 '예산초과'다. 구매 필요성은 충분히 느끼지만 예산이 맞지 않는 단계다. "예산을 더 확보할 수 있을까?", "다른 항목을 줄일 수 있을까?" 등을 고민한다. 약 5%의 고객이 이 단계에서 발이 묶인다.

마지막 일곱 번째 단계는 '불만족'이다. 구매 후 제품이나 서비스에 대한 불만족으로 인해 재구매나 추천으로 이어지지 않는 단계다. "기대했던 것보다 별로네", "사용하기가 불편해" 등의 반응이 나온다. 약 3%의 고객이 이 단계에서 이탈한다.

이러한 7단계 구매심리 프로세스는 빅데이터 분석을 통해 검증된 것이다. 2장에서 설명한 것처럼, 현대의 디지털 도구들은 고객의 모든 접점에서 데이터를 수집하고 분석할 수 있다. 예를 들어, 홈페이지 방문 기록, 제품 카탈로그 다운로드 이력, 영업 상담 내용, 구매 후 피드백 등 다양한 데이터를 종합적으로 분석하면 각 단계별로 고객의 심리 변화를 정확하게 파악할 수 있다.

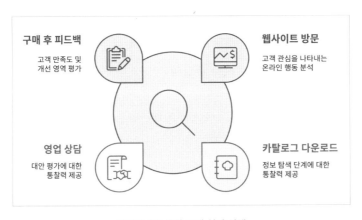

구매 후 피드백
고객 만족도 및 개선 영역 평가

웹사이트 방문
고객 관심을 나타내는 온라인 행동 분석

영업 상담
대안 평가에 대한 통찰력 제공

카탈로그 다운로드
정보 탐색 단계에 대한 통찰력 제공

빅데이터를 통한 고객 심리 이해

실제 사례를 보자. S전자 모바일 사업부는 이 7단계 구매심리 프로세스를 기반으로 단계별 맞춤 전략을 수립했다. '불안' 단계에서는 제품의 안정성과 신뢰성을 강조하는 데이터를 제공했고, '불신' 단계에서는 기존 고객들의 성공 사례를 적극 공유했다. '불필요' 단계에서는 제품 도입 시의 구체적인 이점을 수치화하여 제시했으며, '부적합' 단계에서는 기업 규모별 맞춤형 솔루션을 제안했다.

'불급' 단계에서는 즉각적인 도입 효과를 시뮬레이션으로 보여주었고, '예산초과' 단계에서는 다양한 구매 옵션과 할부 프로그램을 제시했다. '불만족' 단계에서는 24시간 고객 지원 체계를 구축하고 정기적인 사용자 교육을 제공했다. 그 결과, 전체 구매 전환율이 32% 향상되는 놀라운 성과를 거두었다.

이처럼 7단계 구매심리 프로세스는 단순한 이론이 아니라, 실제 현장에서 검증된 실용적인 도구다. 1장에서 언급했던 것처럼, 디지털 전환 시대의 성공적인 영업을 위해서는 이러한 데이터 기반의 체계적인 접근이 필수적이다.

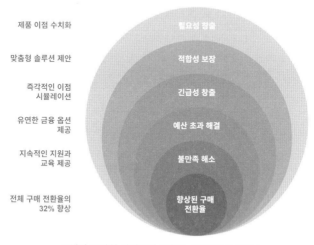

S전자 모바일 사업부의 7단계 구매심리 프로세스

하지만 여기서 주의할 점이 있다. 고객의 구매심리는 기업의 규모나 산업의 특성에 따라 조금씩 다르게 나타날 수 있다. 따라서 각 기업은 자사의 상황에 맞게 이 프로세스를 유연하게 적용해야 한다. 또한 디지털 도구를 활용한 데이터 수집과 분석도 중요하지만, 결국 가장 중요한 것은 이를 통해 얻은 인사이트를 실제 영업 현장에서 어떻게 활용하느냐다.

숫자로 보이는
고객의 진짜 니즈

앞 절에서 살펴본 7단계 구매심리 프로세스는 고객의 마음을 이해하는 첫걸음이다. 하지만 진정한 영업의 성공은 여기서 한 걸음 더 나아가 고객의 숨겨진 니즈를 발견하는 것에서 시작된다. 영업 현장에서 늘 느껴온 것이 있다. 고객이 말하는 것과 진짜 원하는 것은 다르다는 점이다.

예전에는 영업 담당자의 직관과 경험으로 이런 숨겨진 니즈를 찾아내야 했다. 하지만 이제는 데이터가 그 해답을 제시해준다. 특히 정량적 데이터(숫자로 표현되는 데이터)와 정성적 데이터(고객의 의견이나 행동을 기술한 데이터)를 함께 분석하면, 고객도 미처 깨닫지 못한 잠재적 요구사항을 발견할 수 있다.

정성적 데이터

정량적 데이터

고객 통찰력

고객의 숨겨진 니즈 발견하기

정량적 데이터는 구매 금액, 구매 빈도, 방문 횟수 등 숫자로 표현되는 모든 정보를 말한다. 예를 들어 "이 고객은 최근 6개월 간 3번 방문했고, 평균 구매 금액은 500만원이다"와 같은 것이다. 반면 정성적 데이터는 고객과의 상담 내용, 불만 사항, SNS 반응 등 글이나 말로 표현되는 정보다. "이 제품의 설치 과정이 너무 복잡하다", "기술 지원이 신속했으면 좋겠다" 같은 피드백이 여기에 해당한다.

과거에는 이 두 가지 데이터를 따로 분석했다. 하지만 이제는 통합 분석 시스템을 통해 두 데이터를 연결해서 볼 수 있다. 마치 퍼즐 조각을 맞추듯이, 숫자로 된 정보와 글로 된 정보를 연결하면 고객의 진짜 모습이 보이기 시작한다.

H카드의 사례를 살펴보자. H카드는 고객들의 카드 사용 데이터(정량적 데이터)와 고객 상담 내용(정성적 데이터)을 통합 분석했다. 그 결과 흥미로운 패턴을 발견했다. 소득 수준이 높은 40대 남성 고객들이 주말에 골프장에서 카드를 많이 사용하는데, 이들의 상담 내용을 보니 "골프장 예약이 어렵다", "골프 관련 할인 혜택이 부족하다"는 의견이 많았다.

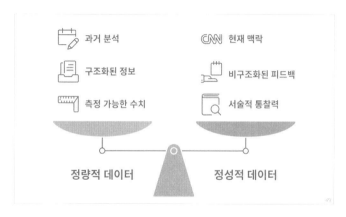

데이터 통합을 통한 포괄적 통찰력 확보

여기서 H카드는 단순히 골프 관련 할인 혜택을 추가하는 데 그치지 않았다. 이 고객층의 다른 소비 패턴도 함께 분석했더니, 호텔 식사, 해외여행, 프리미엄 자동차 정비 등에서도 비슷한 니즈가 있다는 것을 발견했다. 이를 바탕으로 '더 프리미엄 플레이트' 카드를 출시했고, 출시 6개월 만에 목표 회원수의 150%를 달성하는 성과를 거뒀다.

여기서 주목할 점은 고객들이 직접적으로 "프리미엄 카드가 필요하다"고 말하지 않았다는 것이다. 단순히 개별적인 불만 사항을 제기했을 뿐이다. 하지만 데이터 통합 분석을 통해 이러한 개별 니즈들이 하나로 연결되면서, 새로운 상품 개발의 기회를 발견할 수 있었다.

이러한 통합 분석은 다음과 같은 단계로 이루어진다.

1. 데이터 수집 단계 : 모든 고객 접점에서 데이터를 수집한다. 영업 관리 시스템, 고객 상담 기록, SNS 모니터링, 설문 조사 등 다양한 채널을 활용한다.

2. 데이터 정제 단계 : 수집된 데이터를 분석 가능한 형태로 정리한다. 특히 정성적 데이터는 텍스트 마이닝(글에서 의미 있는 정보를 추출하는 기술) 기술을 활용해 구조화된 정보로 변환한다.

3. 패턴 분석 단계 : 정량적 데이터와 정성적 데이터를 연계하여 의미 있는 패턴을 찾는다. 예를 들어 "어떤 상황에서 특정 불만이 자주 발생하는가?"와 같은 질문에 답을 찾는다.

4. 인사이트 도출 단계 : 발견된 패턴을 바탕으로 실제 비즈니

스에 적용할 수 있는 통찰을 얻는다. 이때 영업 현장의 경험과 결합하여 실현 가능한 방안을 도출한다.

데이터 수집
다양한 채널에서 고객
데이터를 수집

데이터 정제
분석을 위한 데이터를
구조화하고 정리

패턴 분석
데이터에서 의미 있는
패턴 식별

인사이트 도출
비즈니스 전략을 위한 실행
가능한 인사이트 개발

통합 프로세스 분석

하지만 여기서 주의할 점이 있다. 아무리 뛰어난 분석 시스템이 있더라도, 결국 그것을 해석하고 활용하는 것은 사람이다. 따라서 영업 담당자들이 이러한 데이터를 쉽게 이해하고 활용할 수 있도록 하는 것이 중요하다.

또한 데이터 분석은 시작일 뿐, 실제 고객과의 관계 구축은 여전히 사람의 영역이다. 데이터는 우리가 고객을 더 잘 이해할 수 있게 도와주는 도구일 뿐, 그것이 곧 판매로 이어지는 것은 아니다. 결국 발견된 니즈를 어떻게 충족시킬 것인지, 어떻게 고객에게 가치를 전달할 것인지는 영업 담당자의 역량에 달려있다.

대시보드로 한눈에 보는
영업 성과

지금까지 구매심리 프로세스와 고객 니즈 데이터에 대해 살펴보았다. 하지만 아무리 좋은 데이터가 있어도 이를 효과적으로 보여주지 못하면 무용지물이다. 마치 좋은 재료를 가지고도 요리를 못하는 것과 같다. 여기서 필요한 것이 바로 '영업 대시보드'다.

영업 대시보드란 쉽게 말해 자동차의 계기판과 같은 것이다. 운전자가 속도, 연료, 엔진 상태 등을 한눈에 확인할 수 있듯이, 영업 담당자와 관리자가 주요 영업 지표들을 실시간으로 파악할 수 있게 해주는 도구다.

예전에는 영업 성과를 파악하려면 여러 부서에서 데이터를 수집하고, 엑셀로 정리하고, 보고서를 만드는 데 며칠이 걸렸다. 그런데

이제는 실시간 대시보드를 통해 클릭 몇 번으로 모든 정보를 확인할 수 있다. 앞서 살펴본 7단계 구매심리 데이터와 고객 니즈 정보가 실시간으로 update되어 화면에 표시되는 것이다.

C생활건강 회사의 사례를 보자. 2020년 초, C생활건강은 전국 영업소의 실적을 파악하는 데 평균 3일이 걸렸다. 영업 담당자가 데이터를 입력하고, 지역 관리자가 취합하고, 본사에서 검토하는 과정이 필요했기 때문이다. 게다가 마케팅팀의 프로모션 효과나 재고 현황 등은 별도의 보고서로 관리되어, 전체적인 상황을 파악하는 데 더 많은 시간이 필요했다.

영업 대시보드 구현

하지만 실시간 영업 대시보드를 도입한 후, 상황이 완전히 달라졌다. 영업 담당자들은 스마트폰 앱으로 실시간 매출 데이터를 입력하고, 이 정보는 즉시 전사적인 대시보드에 반영된다. 본사의 임원들은 전국 어느 매장에서 어떤 제품이 잘 팔리고 있는지, 어떤 프로모션이 효과가 있는지를 실시간으로 확인할 수 있게 되었다.

더 놀라운 것은 이 대시보드가 단순한 실적 보고를 넘어, 의사결정을 지원한다는 점이다. 예를 들어 특정 제품의 판매가 급증하면, 대시보드는 자동으로 재고 부족 알림을 보내고 추가 생산 필요성을 제안한다. 또한 판매가 부진한 제품에 대해서는 과거 성공했던 프로모션 사례를 추천해준다.

이러한 시스템 도입으로 C생활건강은 의사결정 시간을 67% 단축했다. 3일 걸리던 의사결정이 하루 만에 가능해진 것이다. 특히 코로나19로 인한 시장 변화가 급격했던 2020년에, 이 실시간 의사결정 능력은 큰 경쟁력이 되었다.

효과적인 영업 대시보드는 다음과 같은 특징을 가진다.
1. 직관성 : 복잡한 데이터를 간단한 그래프나 차트로 보여준다. 색상과 모양을 활용해 중요한 정보를 강조한다.

2. 실시간성 : 데이터가 발생하는 즉시 대시보드에 반영된다. 과거 데이터와 실시간 비교도 가능하다.

3. 상호작용성 : 사용자가 원하는 정보를 클릭하면 더 상세한 내용을 볼 수 있다. 필요한 부분을 확대하거나 필터링할 수 있다.

4. 예측 기능 : 현재 추세를 바탕으로 미래의 판매량이나 매출을 예측한다. 잠재적 문제도 미리 경고한다.

효과적인 영업 대시보드

특히 중요한 것은 영업과 마케팅 데이터의 통합이다. 예전에는 영업팀은 매출 실적만 보고, 마케팅팀은 광고 효과만 봤다. 하지만 이제는 두 데이터를 연결해서 볼 수 있다. 예를 들어, 특정 지역의 매출이 증가했다면, 그것이 영업사원의 노력 때문인지, 마케팅 캠페인 때문인지를 정확히 파악할 수 있다.

하지만 여기서 주의할 점이 있다. 아무리 좋은 대시보드라도, 그것을 제대로 활용하지 못하면 의미가 없다. 따라서 영업 조직 전체가 대시보드를 적극적으로 활용하는 문화를 만들어야 한다.

또한 대시보드는 도구일 뿐, 최종 판단은 사람의 몫이다. 데이터는 의사결정을 도와주는 것이지, 대체하는 것이 아니다. 결국 현장의 상황과 경험을 바탕으로 한 종합적인 판단이 필요하다.

AI가 예측하는
매출과 리스크 관리

지금까지 우리는 구매심리 프로세스, 고객 니즈 분석, 실시간 대시보드까지 살펴보았다. 이제 한 걸음 더 나아가 '미래'를 내다보는 영업의 모습을 알아보자. 인공지능(AI)을 활용한 매출 예측과 리스크 관리는 더 이상 공상과학 영화 속 이야기가 아니다.

영업 현장에서 가장 어려웠던 것이 '매출 예측'이었다. "다음 달 매출이 얼마나 될까?", "어떤 제품이 더 잘 팔릴까?", "어떤 리스크가 있을까?" 이런 질문들은 늘 영업 담당자를 괴롭혔다. 경험 많은 베테랑도 정확한 예측은 어려웠다.

하지만 이제 AI가 그 해답을 제시해준다. 앞서 설명한 실시간 대시보드의 데이터를 AI가 분석하면, 놀라울 정도로 정확한 미래 예측이 가능하다. 마치 일기예보가 날씨를 예측하듯이, AI는 영업의 날씨를 예측한다.

AI로 영업의 미래 혁신

L마트의 사례를 보자. 대형마트의 가장 큰 고민은 '재고 관리'다. 물건이 부족하면 판매 기회를 놓치고, 너무 많으면 폐기 손실이 발생한다. 특히 신선식품은 더욱 그렇다. 2019년 이전까지 L마트는 매장별 발주량을 담당자의 경험에 의존했고, 그 결과 연간 수백억 원의 재고 손실이 발생했다.

상황을 바꾼 것은 AI 기반의 수요 예측 시스템이었다. 이 시스템은 과거 판매 데이터뿐만 아니라, 날씨, 요일, 주변 행사, 경쟁점 프로모션 등 다양한 변수를 고려한다. 예를 들어, "내일 비가 오면 우산 수요가 30% 증가하고, 주말에는 신선식품 판매가 50% 늘어난다"와 같은 패턴을 학습한다.

더 놀라운 것은 이 시스템이 스스로 학습하면서 점점 더 정확해진다는 점이다. 예측이 빗나가면 왜 틀렸는지를 분석하고, 그 정보를 다음 예측에 반영한다. 도입 초기에는 예측 정확도가 75% 수준이었지만, 1년 후에는 90% 이상으로 향상되었다.

AI기반 수요 예측 시스템의 혁신적 변화

이러한 정확한 예측을 바탕으로 L마트는 재고 비용을 45% 절감했다. 신선식품의 폐기율은 60% 감소했고, 품절로 인한 기회손실도 크게 줄었다. 게다가 매장 직원들의 업무 효율도 높아졌다. 이전에는 발주량 계산에 많은 시간을 써야 했지만, 이제는 AI가 추천하는 수량을 확인하고 미세 조정만 하면 된다.

AI 예측 시스템의 또 다른 강점은 '리스크 관리'다. 시스템은 잠재적 위험 요소를 미리 감지하고 경고한다.

예를 들어:

1. 판매 부진 예측 : 특정 제품의 판매가 감소 추세를 보이면, 원인을 분석하고 대응 방안을 제시한다.
2. 경쟁사 위험 감지 : 경쟁사의 신제품 출시나 가격 변동이 예상될 때 알림을 보낸다.
3. 시장 변화 예측 : 소비자 트렌드 변화나 규제 변경 등 외부 환경 변화를 감지한다.
4. 내부 리스크 관리 : 인력 부족, 재고 부족 등 내부 운영상의 위험을 예측한다.

하지만 여기서 주의할 점이 있다. AI는 만능이 아니다. AI는 과거의 데이터를 바탕으로 패턴을 찾아 미래를 예측한다. 따라서 과거와 전혀 다른 새로운 상황(예: 코로나19와 같은 팬데믹)에서는 예측이 빗나갈 수 있다.

또한 AI 예측은 참고 사항일 뿐, 최종 판단은 여전히 사람의 몫이다. AI가 제시하는 예측과 리스크 경고를 바탕으로, 현장의 상황과 경험을 종합하여 최종 의사결정을 내려야 한다.

효과적인 AI 예측 시스템 활용을 위해서는 다음 사항들을 고려해야 한다.

1. 데이터 품질 관리 : AI는 입력되는 데이터의 품질에 크게 의존한다. 부정확하거나 편향된 데이터는 잘못된 예측으로 이어진다.

2. 현장 피드백 반영 : AI의 예측과 실제 결과를 지속적으로 비교하고, 차이가 발생한 원인을 분석해야 한다.

3. 유연한 대응 체계 : AI의 예측은 참고사항일 뿐, 현장 상황에 따라 유연하게 대응할 수 있는 체계가 필요하다.

4. 직원 교육 : AI 시스템을 효과적으로 활용할 수 있도록 직원들을 교육하고, 필요한 피드백을 제공할 수 있게 해야 한다.

현장 피드백
예측과 실제 결과를
비교하여 AI 시스템을
개선합니다.

유연한 대응 체계
예측에 기반한 의사결정에
유연성을 추가하여 상황에
맞는 판단을 허용합니다.

데이터 품질 관리
정확하고 편향 없는
데이터를 보장하여 AI 예
측의 기초를 강화합니다.

직원 교육
직원들이 AI를 이해하고
효과적으로 상호작용할 수
있도록 교육하여 시스템
활용도를 높입니다.

효과적인 AI 예측 시스템을 활용을 위한 고려사항

결론적으로, AI 예측 시스템은 더 이상 선택이 아닌 필수다. 하지만 이는 영업 담당자를 대체하는 것이 아니라, 더 나은 의사결정을 돕는 도구라는 점을 명심해야 한다. AI와 인간의 조화로운 협력이 바로 미래 영업의 모습이 될 것이다.

Chapter.5

데이터로 무장한
리더가 성공한다

우리는 흔히 '데이터 시대'를 이야기하며 차가운 숫자와 분석만을 떠올린다. 하지만 실제 영업 현장에서 데이터는 따뜻한 인간적 가치를 더욱 빛나게 하는 도구가 된다. 영업 현장에서 발견한 놀라운 사실은, 데이터를 가장 잘 활용하는 리더들이 오히려 더 깊은 인간적 통찰력을 보여준다는 점이다.

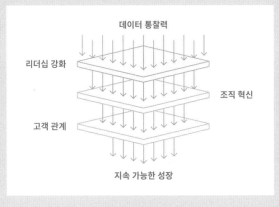

데이터 기반 성공 퍼널

1절에서 살펴볼 '새로운 영업 리더의 역할'은 바로 이러한 변화를 반영한다. 과거의 리더가 경험과 직관에 의존했다면, 이제는 데이터를 통해 더 정확한 판단을 내리고, 이를 바탕으로 팀원들을 더 효과적으로 코칭한다. 단순한 관리자가 아닌, 데이터를 통해 팀원 개개인의 성장을 이끄는 멘토가 되는 것이다.

2절의 '데이터로 무장한 영업 조직'에서는 실제 현장에서 데이터가 어떻게 활용되는지를 살펴본다. 여기서 '무장'이란 단순히 많은 데이터를 보유하는 것이 아니다. 고객의 니즈를 더 정확히 파악하고, 영업 프로세스를 과학적으로 관리하며, 예측 가능한 성과를 만들어내는 체계적인 접근을 의미한다.

3절에서는 '고객 데이터 기반의 영업 전략'을 통해, 데이터가 어떻게 더 깊은 고객 관계로 이어지는지를 보여준다. 숫자 너머에 있는 고객의 진정한 니즈를 발견하고, 이를 통해 장기적인 신뢰 관계를 구축하는 과정이 바로 현대 영업의 핵심이다.

마지막 4절의 '미래를 준비하는 영업 조직 혁신'은 이러한 변화가 일시적인 트렌드가 아닌, 지속 가능한 성장을 위한 필수 요소임을 보여준다. 데이터 기반의 의사결정 체계, 유연한 조직 문화, 지속적인 혁신 의지가 미래 영업 조직의 성공을 결정짓는다.

결국 '데이터로 무장한 리더'란, 차가운 숫자와 따뜻한 인간미를 모두 아우를 수 있는 리더를 의미한다. 이들은 데이터를 통해 더 정확한 통찰을 얻고, 이를 바탕으로 더 깊은 고객 관계를 구축하며, 궁극적으로 지속 가능한 성과를 창출한다. 이것이 바로 디지털 시대를 헤쳐나가는 가장 강력한 경쟁력이 된다.

디지털 시대, 영업 리더의 새로운 역할

디지털 시대에 강한 영업은 더욱 중요하다

영업 현장에서 데이터를 다루며 깨달은 한 가지 진실이 있다. 디지털 기술이 발전할수록 사람과 사람 사이의 신뢰가 더욱 중요해진다는 것이다. 많은 사람들이 디지털 시대에는 대면 영업의 중요성이 줄어들 것이라 예측했지만, 현실은 정반대로 흘러가고 있다.

온라인 채널을 통한 거래가 늘어날수록 오히려 고객들은 더 깊은 신뢰관계를 원한다. 특히 B2B 영업에서는 이러한 경향이 더욱 뚜렷하게 나타난다. 단순히 제품이나 서비스를 판매하는 것을 넘어, 고객의 비즈니스 성공을 함께 고민하고 해결책을 제시하는 파트너로서의 역할이 강조되고 있다.

디지털 시대에 강한 영업은 더욱 중요하다

1장에서 다룬 것처럼, 강한 영업의 핵심은 고객과의 신뢰 관계 구축에 있다. 디지털 시대에는 이 신뢰를 더욱 체계적이고 과학적으로 만들어가야 한다. 단순히 개인의 직관이나 경험에 의존하는 것이 아니라, 데이터를 기반으로 고객의 니즈를 정확하게 파악하고 대응하는 것이 필요하다.

영업 리더의 역할이 관리자에서 코치로 변화한다

전통적인 영업 조직에서 리더는 목표 달성을 위해 팀원들을 통제하고 관리하는 역할을 했다. 하지만 이제는 팀원들의 자발적인 성장을 돕는 코치의 역할이 더욱 중요해졌다. 2장에서 설명한 것처럼, 영업 직원들의 성장이 곧 조직의 성과로 이어지기 때문이다.

코치로서의 리더는 팀원들에게 단순히 실적을 달성하라고 압박하지 않는다. 대신 각 팀원의 강점을 파악하고, 이를 극대화할 수 있는 방향으로 지원한다. 예를 들어, 고객과의 첫 미팅에서 뛰어난 역량을 보이는 직원에게는 신규 고객 발굴 기회를 더 많이 제공하고, 기존 고객 관리에 탁월한 직원에게는 심화된 고객 관리 전략을 수립할 수 있도록 돕는다.

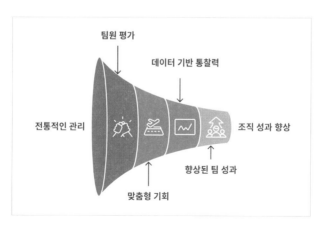

영업 리더십의 진화

이러한 코칭은 3장에서 다룬 'Smart People' 전략과도 일맥상통한다. 각 팀원의 역량을 최대한 발휘할 수 있는 환경을 만들고, 이를 통해 조직 전체의 성과를 높이는 것이다.

직관이 아닌 데이터로 영업을 이끄는 리더십이 필요하다

현대의 영업 리더에게 가장 필요한 역량은 데이터를 읽고 해석하는 능력이다. 4장에서 설명한 것처럼, 고객의 구매 심리와 행동 패턴은 데이터를 통해 더욱 정확하게 파악할 수 있다.

하지만 여기서 주의할 점이 있다. 데이터는 도구일 뿐, 그 자체가 목적이 되어서는 안 된다. 데이터는 고객을 더 깊이 이해하고 더 나은 서비스를 제공하기 위한 수단이다. 예를 들어, 고객의 구매 이력 데이터는 단순히 매출 분석을 위한 것이 아니라, 고객의 잠재적 니즈를 발견하고 선제적으로 대응하기 위한 것이다.

실제로 많은 영업 조직이 데이터 분석 도구를 도입했지만, 실질적인 성과 향상으로 이어지지 못하는 경우가 많다. 그 이유는 데이터를 단순히 실적 관리의 도구로만 활용하기 때문이다. 진정한 데이터 기반 리더십은 숫자 너머에 있는 고객의 이야기를 읽어내고, 이를 통해 더 나은 가치를 제공하는 것에 초점을 맞춘다.

이러한 변화는 영업 조직의 문화에도 큰 영향을 미친다. 과거에는 개인의 직관과 노하우가 중요했다면, 이제는 팀원들 간의 데이터 공유와 협업이 핵심이 된다. 한 팀원이 발견한 인사이트는 조직 전체의 자산이 되어, 모든 팀원의 성과 향상에 기여할 수 있다.

결론적으로, 디지털 시대의 강한 영업 리더는 세 가지 역량을 갖추어야 한다. 첫째, 변화하는 환경 속에서도 변하지 않는 신뢰의 가치를 이해하고 실천하는 것이다. 둘째, 팀원들의 성장을 돕는 진정한 코치가 되는 것이다. 셋째, 데이터를 통해 고객의 진정한 니즈를 발견하고 이를 충족시키는 능력이다.

데이터 기반 통찰력
고객의 요구를 이해하고 충족시키기 위한 데이터 활용.

신뢰의 가치
팀워크와 성과를 촉진하는 신뢰의 중요성.

코칭
팀원들이 잠재력을 최대한 발휘하도록 돕는 역할.

디지털 시대의 영업 리더십

이러한 리더십은 하루아침에 만들어지지 않는다. 지속적인 학습과 실천, 그리고 때로는 실패를 통한 교훈이 필요하다. 하지만 이러한 과정을 통해 형성된 리더십은 디지털 시대에도 흔들리지 않는 강한 영업 조직의 기반이 될 것이다.

데이터로 무장한
영업 조직의 특징

데이터를 기반으로 고객을 이해하고 접근한다

나는 영업 현장에서 발견한 흥미로운 사실이 있다. 뛰어난 영업 직원들은 자신도 모르는 사이에 데이터를 수집하고 활용하고 있었다는 점이다. 고객과의 대화 내용을 꼼꼼히 메모하고, 구매 패턴을 분석하며, 심지어 고객의 작은 습관까지 기억하고 있었다. 이것이 바로 자연스러운 형태의 데이터 수집이다.

현대의 영업 조직은 이러한 개인의 직관적 데이터 수집을 더욱 체계화하고 과학화한다. 고객의 기본 정보부터 거래 이력, 문의 내용, 불만 사항까지 모든 접점에서 발생하는 정보를 체계적으로 수집하고 분석한다. 하지만 여기서 중요한 것은 단순히 데이터를 모으는 것이 아니라, 이를 통해 고객의 진정한 니즈를 발견하는 것이다.

예를 들어, 한 고객이 지속적으로 가격 문의를 한다고 하자. 표면적으로는 단순한 가격 비교로 보일 수 있지만, 데이터를 자세히 들여다보면 다른 이야기가 보인다. 문의 시점, 문의 제품의 특성, 문의 방식 등을 종합적으로 분석하면 고객이 실제로 원하는 것이 단순한 가격 할인이 아닌, 안정적인 공급망 확보일 수 있다는 것을 발견하게 된다.

데이터 기반 고객 이해 전략

영업 프로세스를 수치화하여 관리한다

많은 영업 관리자들이 "영업은 예술이다"라고 말한다. 하지만 실제로 성공적인 영업 활동을 자세히 들여다보면, 그 속에는 명확한 패턴과 프로세스가 존재한다. 이러한 프로세스를 수치화하여 관리하는 것이 현대 영업 조직의 두 번째 특징이다.

영업 프로세스의 수치화는 단순히 매출 목표를 숫자로 관리하는 것이 아니다. 고객 접촉부터 계약 체결까지 각 단계별로 핵심 지표를 설정하고, 이를 체계적으로 관리하는 것을 의미한다. 예를 들어, 신규 고객 발굴 단계에서는 잠재 고객 발굴 건수, 첫 미팅 성사율, 제안서 제출 건수 등을 관리한다.

이러한 수치화의 진정한 가치는 예측 가능성에 있다. 각 단계별 전환율을 정확하게 파악하면, 최종 목표 달성을 위해 초기 단계에서 얼마만큼의 활동이 필요한지 정확하게 계산할 수 있다. 이는 영업 직원들에게 명확한 활동 목표를 제시하고, 필요한 자원을 효율적으로 배분할 수 있게 한다.

과학적인 영업 활동으로 안정적인 성과를 창출한다

데이터 기반의 고객 이해와 프로세스 수치화는 결국 과학적인 영업 활동으로 이어진다. 과학적인 영업이란, 검증된 방법론을 바탕으로 예측 가능한 결과를 만들어내는 것을 의미한다. 이는 개인의 능력이나 운에 의존하는 것이 아니라, 체계적인 시스템을 통해 안정적인 성과를 창출하는 것이다.

특히 주목할 점은 과학적 영업이 개인의 창의성이나 유연성을 제한하지 않는다는 것이다. 오히려 기본적인 프로세스가 체계화되어 있기 때문에, 영업 직원들은 고객과의 관계 구축이나 가치 제안과 같은 더 중요한 부분에 집중할 수 있다.

예를 들어, CRM(고객관계관리) 시스템에 고객의 모든 정보가 체계적으로 정리되어 있다면, 영업 직원은 미팅 준비에 시간을 낭비하지 않고 고객에게 제시할 새로운 가치 제안을 고민하는 데 더 많은 시간을 투자할 수 있다.

창의성 및 유연성
영업 직원의 창의적이고 적응력 있는 능력을 허용합니다.

데이터 기반 통찰력
고객 행동과 선호를 이해하기 위해 데이터를 분석합니다.

관계 구축
고객과의 장기적인 관계를 발전시킵니다.

프로세스 수치화
영업 프로세스를 정량화하여 효율성을 높입니다.

시스템적 접근
일관된 결과를 보장하기 위해 체계적인 방법을 사용합니다.

과학적 영업 활동

이러한 과학적 영업의 또 다른 장점은 지속적인 개선이 가능하다는 것이다. 모든 활동이 데이터로 기록되기 때문에, 어떤 접근 방식이 효과적이었는지, 어떤 부분에서 개선이 필요한지 명확하게 파악할 수 있다. 이를 통해 조직은 끊임없이 학습하고 발전할 수 있다.

결론적으로, 데이터로 무장한 영업 조직은 단순히 많은 데이터를 보유하고 있는 조직이 아니다. 데이터를 통해 고객을 더 깊이 이해하고, 효율적인 프로세스를 구축하며, 지속적으로 발전하는 조직이다. 이러한 조직에서는 개인의 역량과 시스템의 힘이 조화롭게 결합되어, 안정적이고 지속가능한 성과를 만들어낸다.

이러한 변화의 좋은 예가 'D제약'의 사례이다. 이 회사는 10년 전만 해도 영업 직원들의 개인 역량에 의존하는 전통적인 영업 방식을 고수했다. 하지만 2018년부터 고객 접점에서 발생하는 모든 데이터를 체계적으로 수집하고 분석하기 시작했다. 처음에는 단순한 거래 데이터부터 시작해서, 점차 고객의 문의 내용, 불만 사항, 심지어 일상적인 대화 내용까지 데이터화했다.

이런 노력의 결과로 D제약은 놀라운 변화를 경험했다. 개별 영업 직원의 역량 차이에 따른 성과 편차가 크게 줄었고, 신규 영업 직원의 정착률도 2배 이상 높아졌다. 더 중요한 것은 전체 영업 조직의 성과가 안정적으로 성장했다는 점이다. 2021년부터는 분기별 목표 달성률이 95% 이상을 꾸준히 유지하고 있다.

D제약의 과학적 영업 변환

이처럼 데이터는 단순한 숫자의 나열이 아니라, 조직의 지속적인 성장을 가능케 하는 핵심 자산이 된다. 앞으로도 이러한 데이터 기반의 접근은 더욱 중요해질 것이며, 이를 효과적으로 활용하는 조직만이 치열한 경쟁 환경에서 살아남을 수 있을 것이다.

고객데이터 기반의
영업 전략

고객데이터를 수집하고 분석하는 체계를 구축해보자. 성과가 뛰어난 영업 직원들은 자신만의 독특한 고객 데이터 수집 방식을 가지고 있다. 어떤 이는 수첩에 꼼꼼히 기록하고, 또 어떤 이는 디지털 메모장을 활용한다. 중요한 것은 이러한 개인의 노하우를 조직의 체계로 발전시키는 것이다.

고객 데이터는 크게 세 가지 유형으로 나눌 수 있다. 첫째는 '기본 정보'로, 고객의 직위, 연락처, 구매 이력 등 객관적 사실을 말한다. 둘째는 '행동 데이터'로, 고객이 어떤 제품에 관심을 보이는지, 어떤 방식으로 문의하는지 등 행동 패턴을 의미한다. 셋째는 '맥락 데이터'로, 고객의 의사결정에 영향을 미치는 상황적 요인들을 말한다.

여기서 많은 영업 조직이 범하는 실수는 기본 정보에만 집중한다는 것이다. 실제로 가장 가치 있는 것은 행동 데이터와 맥락 데이터이다. 예를 들어, 한 고객이 항상 월말에 구매를 한다는 행동 패턴을 발견했다면, 이는 그 고객의 예산 집행 주기를 이해하는 중요한 단서가 된다.

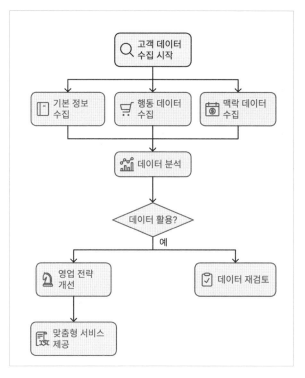

데이터를 활용한 고객 맞춤형 영업 전략을 수립한다

데이터 수집의 궁극적 목적은 고객 맞춤형 전략 수립이다. 하지만 여기서 '맞춤형'이란 단순히 고객별로 다른 접근을 한다는 의미가 아니다. 데이터를 통해 발견한 고객의 진정한 니즈에 부합하는 가치를 제공하는 것을 의미한다.

데이터 기반 고객 맞춤형 전략

예를 들어, 구매 데이터 분석을 통해 특정 고객이 매번 소량 주문을 자주 한다는 사실을 발견했다고 하자. 표면적으로는 이 고객을 대량 구매로 전환시키는 것이 좋아 보일 수 있다. 하지만 더 깊이 들여다보면, 이 고객은 재고 부담을 최소화하면서 신속한 공급을 원하는 것일 수 있다. 이런 경우에는 대량 구매 할인보다 신속 배송 시스템 구축이 더 효과적인 전략이 된다.

맞춤형 전략의 핵심은 '타이밍'이다. 아무리 좋은 제안이라도 잘못된 타이밍에 하면 효과가 없다. 데이터는 이런 최적의 타이밍을 찾는 데 큰 도움이 된다. 고객의 구매 주기, 의사결정 패턴, 예산 집행 시기 등을 종합적으로 분석하면, 가장 효과적인 제안 시점을 파악할 수 있다.

데이터 기반으로 고객과의 관계를 강화한다

많은 사람들이 데이터 활용이 비인간적이라고 생각한다. 하지만 실제로는 정반대이다. 데이터는 고객을 더 깊이 이해하고, 더 인간적인 관계를 만드는 도구가 된다.

예를 들어, 한 제조업체 영업팀은 고객사의 설비 가동률 데이터를 정기적으로 분석했다. 이를 통해 설비 효율이 떨어지는 시점을 미리 파악하고, 선제적으로 해결책을 제시할 수 있었다. 이는 단순한 제품 판매를 넘어, 고객의 비즈니스 성공을 함께 고민하는 진정한 파트너십으로 발전했다.

또한 데이터는 작은 변화를 감지하는 데도 큰 도움이 된다. 평소와 다른 주문 패턴, 문의 빈도의 변화, 새로운 요구사항 등은 모두 고객사의 중요한 변화를 암시하는 신호가 될 수 있다. 이런 변화를 빠르게 포착하고 대응하는 것이 관계 강화의 핵심이다.

하지만 여기서 주의할 점이 있다. 데이터는 도구일 뿐, 그 자체가 목적이 되어서는 안 된다. 데이터는 항상 고객과의 더 나은 관계를 만들기 위한 수단으로 활용되어야 한다. 너무 많은 데이터에 매몰되어 정작 고객과의 진정한 소통을 놓치는 우를 범해서는 안 된다.

마지막으로, 데이터 기반의 고객 관계는 지속적인 학습과 개선의 과정이다. 오늘의 데이터는 내일의 더 나은 서비스를 위한 밑거름이 된다. 성공적인 영업 조직은 이러한 선순환을 만들어내는 조직이다. 고객 데이터를 체계적으로 수집하고, 이를 통해 더 나은 가치를 제공하며, 그 과정에서 새로운 데이터가 쌓이는 것이다.

이러한 접근은 단기적인 성과보다는 장기적인 관계 구축에 초점을 맞춘다. 하지만 결과적으로 이것이 가장 효과적인 영업 전략임이 입증되고 있다. 데이터를 통해 고객을 진정으로 이해하고, 그들의 성공을 돕는 것, 이것이 바로 현대 영업의 핵심이다.

산업용 장비를 제조하는 'K기계'의 사례는 이러한 접근의 효과를 잘 보여준다. 이 회사는 5년 전부터 고객사의 장비 운영 데이터를 체계적으로 수집하고 분석하기 시작했다. 단순한 판매 실적이나 고객 불만 데이터를 넘어, 장비의 실제 가동 현황, 에너지 효율,

유지보수 이력까지 종합적으로 관리했다. 이를 통해 각 고객사의 생산 환경과 운영 패턴을 깊이 있게 이해할 수 있었다.

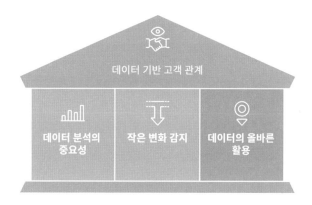

데이터 기반으로 고객과의 관계를 강화

특히 주목할 만한 점은 이 데이터를 바탕으로 고객사별 맞춤형 컨설팅을 제공했다는 것이다. 장비 판매에서 그치지 않고, 고객사의 생산성 향상을 위한 구체적인 해결책을 제시했다. 처음에는 수익과 직결되지 않는 이러한 활동에 의문을 제기하는 목소리도 있었다. 하지만 3년이 지난 지금, K기계는 업계 최고 수준의 고객 충성도를 자랑하며, 신규 계약의 70% 이상이 기존 고객의 추천으로 이루어지고 있다. 이처럼 데이터에 기반한 장기적 관계 구축은 지속 가능한 성장의 토대가 된다.

미래를 준비하는
영업 조직 혁신 전략

4

디지털 시대에 맞는 영업 조직을 구축한다

영업 현장에서 가장 크게 느낀 변화는 '속도'이다. 과거에는 한 달에 한 번 정도 고객의 동향을 파악하면 충분했지만, 이제는 매일, 때로는 실시간으로 변화를 감지해야 한다. 이러한 변화 속에서 영업 조직도 새로운 모습으로 거듭나야 한다.

디지털 시대의 영업 조직에서 가장 중요한 것은 '유연성'이다. 과거의 수직적이고 경직된 조직 구조로는 빠른 변화에 대응할 수 없다. 예를 들어, 고객의 긴급한 요구사항이 들어왔을 때, 여러 단계의 결재를 거치는 동안 이미 시장 상황은 바뀌어버린다.

이러한 문제를 해결하기 위해 선진 영업 조직들은 '애자일 (Agile)' 방식을 도입하고 있다. 애자일이란 빠르게 실행하고, 결과를 확인하며, 필요한 수정을 즉시 반영하는 유연한 업무 방식을 말한다. 예를 들어, 새로운 영업 전략을 수립할 때 완벽한 계획을 기다리기보다는, 작은 규모로 먼저 시도해보고 그 결과를 바탕으로 전략을 발전시켜 나가는 것이다.

전통적인 구조
느린 변화 대응

VS

애자일 접근 방식
빠른 적응력

디지털 시대에 효과적인 영업 조직을 구축하는 방법은?

데이터 중심의 의사결정 체계를 확립한다

영업 현장에서 가장 위험한 말이 있다. "내 경험상 이렇게 하면 된다."라는 말이다.

물론 경험은 중요하다. 하지만 경험만으로는 빠르게 변화하는 시장 상황에 대응하기 어렵다. 이제는 데이터를 기반으로 한 객관적인 의사결정이 필요하다.

데이터 중심의 의사결정이란, 단순히 많은 데이터를 모으는 것이 아니다. 중요한 것은 의미 있는 데이터를 선별하고, 이를 실제 의사결정에 활용하는 체계를 만드는 것이다. 예를 들어, 고객의 구매 주기, 문의 패턴, 클레임 유형 등을 분석하여 각 고객별로 최적의 영업 전략을 수립하는 것이다.

특히 중요한 것은 '예측'이다. 과거의 데이터는 미래를 예측하기 위한 도구가 되어야 한다. 예를 들어, 계절별 매출 패턴, 고객의 예산 집행 시기, 시장 트렌드 변화 등을 종합적으로 분석하면 향후 영업 기회를 미리 파악할 수 있다.

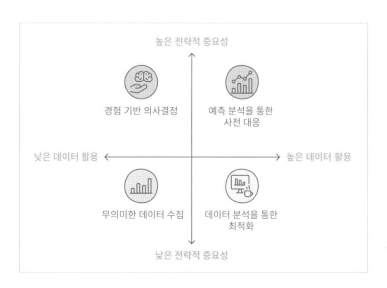

데이터 중심 의사결정의 전략적 중요성

지속 가능한 성장을 위한 영업 혁신을 추진한다

영업 혁신에서 가장 중요한 것은 '지속 가능성'이다. 일시적인 매출 증대가 아니라, 장기적으로 유지될 수 있는 성장 구조를 만드는 것이 핵심이다. 이를 위해서는 세 가지 요소가 필요하다.

첫째, '사람'의 혁신이다. 디지털 도구를 능숙하게 다루면서도 고객과의 인간적 관계를 만들 수 있는 하이브리드형 인재가 필요하다. 이들을 위한 체계적인 교육과 성장 지원이 필수적이다.

둘째, '프로세스'의 혁신이다. 기존의 획일화된 영업 프로세스를 버리고, 각 고객의 특성과 상황에 맞는 유연한 프로세스를 구축해야 한다. 이 과정에서 디지털 도구의 활용은 선택이 아닌 필수가 된다.

셋째, '문화'의 혁신이다. 데이터를 기반으로 한 의사결정, 실험과 학습을 장려하는 문화, 부서간 협업을 촉진하는 문화가 필요하다. 이러한 문화적 혁신 없이는 어떠한 시스템도 제대로 작동하지 않는다.

이러한 혁신은 하루아침에 이루어지지 않는다. 점진적이지만 지속적인 변화가 필요하다. 특히 중요한 것은 모든 구성원의 참여와 공감이다. 아무리 좋은 시스템도 이를 사용하는 사람들이 그 필요성을 이해하고 적극적으로 활용하지 않으면 무용지물이

된다.

우리는 이미 많은 기업들이 이러한 혁신을 통해 성공적으로 변화하는 것을 목격하고 있다. 전통적인 제조업체가 데이터 기반의 컨설팅 기업으로 변신하거나, 오프라인 중심의 영업 조직이 디지털과 오프라인을 융합한 옴니채널 조직으로 발전하는 등의 사례가 그것이다.

미래의 영업 조직은 더욱 빠른 변화에 직면하게 될 것이다. 하지만 이러한 변화는 위기가 아닌 기회가 될 수 있다. 데이터를 기반으로 한 과학적 접근과 인간적 가치의 조화, 이것이 바로 미래 영업 조직의 성공 열쇠가 될 것이다.

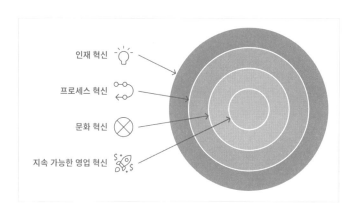

지속 가능한 성장을 위한 영업 혁신

'H의료기기' 회사의 최근 변화는 이러한 조화로운 접근이 어떻게 실제 성과로 이어지는지를 잘 보여준다. 이 회사는 첨단 의료기기를 판매하는 B2B 기업으로, 2년 전까지만 해도 전통적인 인맥 기반 영업에 의존했다. 하지만 팬데믹 이후 의료계의 급격한 변화를 겪으며, 과감한 혁신을 결심했다.

먼저 병원별 의료기기 사용 패턴과 진료 데이터를 체계적으로 분석하는 시스템을 구축했다. 이를 통해 각 병원의 실제 니즈를 정확하게 파악할 수 있었다. 하지만 H의료기기가 주목받은 것은 이 데이터를 활용하는 방식이었다. 단순히 판매 전략 수립에만 사용한 것이 아니라, 의료진과의 더 깊은 소통을 위한 도구로 활용한 것이다. 영업 직원들은 데이터를 바탕으로 각 병원의 특성에 맞는 맞춤형 교육 프로그램을 제공하고, 의료진들과 함께 환자 치료 성과를 높이는 방안을 연구했다.

결과적으로 H의료기기는 작년 대비 매출이 40% 증가했을 뿐만 아니라, 의료계에서 가장 신뢰받는 파트너로 자리매김했다. 이처럼 데이터의 과학적 분석력과 인간적 신뢰의 조화는 미래 영업의 새로운 표준이 되어가고 있다.

일상의 작은 실천이 만드는
영업의 기적

매일 아침, 익숙한 발걸음으로 영업 현장을 향하는 우리의 마음은 무겁다. 대기업과의 경쟁, 좁아지는 시장, 까다로워지는 고객의 요구 앞에서 한숨이 먼저 나오는 것이 당연하다.

'대기업과 경쟁해서 이길 수 있을까…'
'우리에겐 자원도, 시스템도 부족한데…'

이런 고민은 모든 중소기업 영업 현장의 일상이 되었다.
하지만 20년간 수많은 중소기업 현장을 함께하며, 나는 놀라운 진실을 발견했다. 강한 영업의 비결은 결코 거창한 것이 아니었다. 오히려 가장 평범한 일상 속에 숨어있는 작은 차이가 놀라운 성과의 격차를 만들어내고 있었다.

매일 아침 10분의 '오픈 보이스' 활동이 월 매출 300% 상승으로 이어진다. 고객 상담 후 5분간의 꼼꼼한 데이터 기록이 성공률을 2배로 높인다. 퇴근 전 15분의 팀 공유 시간이 다음 날의 영업을 완전히 바꾼다. 이것이 바로 데이터 기반의 강한 영업이 만드는 기적이다.

삼진어묵의 사례는 이를 완벽하게 증명한다. 코로나19로 모든 기업이 무너질 것 같았던 시기, 그들은 데이터 기반의 강한 영업으로 1년 만에 순이익 316% 성장을 이뤄냈다. 대기업도 놀란 이 성과의 비결은 특별한 것이 아니었다. 단지 평범한 일상의 영업 활동을 '조금 더 다르게' 실천한 것뿐이다.

당신의 경험과 노하우는 이미 충분하다. 이제 필요한 것은 그것을 데이터로 체계화하는 일이다. 작은 실천이 만든 변화의 순간들은 이미 증명되었다. 매일 아침 10분의 공유가 만든 300% 매출 성장, 상담 후 5분의 기록이 가져온 2배의 성공률, 퇴근 전 15분의 나눔이 이룬 85%의 고객 만족, 주 1회 30분의 분석이 이끈 47%의 신규 고객 유치. 이것이 바로 당신이 만들어갈 새로운 역사의 시작이다.

변화는 두렵지 않다. 당신에게는 이미 충분한 저력이 있다. 특별한 무언가가 필요한 것이 아니다. 당신의 일상 속 작은 실천이 큰 변화를 만든다. 지금 시작하라. 내일은 늦다. 강한 영업의 새로운 역사는 바로 당신의 도전으로부터 시작된다.

부록

강한 영업 전략의
핵심

1. 공유(Public)

- 매일 아침 10분 오픈 보이스로 우수사례 공유

- 영업 현황판을 통한 실시간 정보 공유

- 팀원 간 소통과 경험 공유로 시너지 창출

2. 사람(People)

- 초인재(Smart People) 확보 및 육성

- 자기선언을 통한 동기부여

- 팀 단위의 드림시트 운영

3. 프로세스(Process)

- 7단계 구매심리 프로세스 이해
- 단순하고 명확한 영업 프로세스 구축
- 중점선행지표를 통한 성과관리

실행을 위한 핵심 포인트

1. 고객의 기대를 중심으로 한 영업 활동 전개
2. 매일의 변화를 시각화하여 관리
3. 영업 활동의 양과 질 균형있게 관리
4. 지속적인 소통과 피드백으로 개선

강한 영업은 체계적인 프로세스, 우수한 인재, 효과적인 공유 체계가 삼위일체를 이룰 때 실현된다

강한 영업의 3P 전략은 영업 성과를 극대화하기 위해 퍼블릭 (Public), 피플(People), 프로세스(Process)로 구성된 세 가지 핵심 요소를 강조한다. 각각의 요소는 다음과 같이 작동한다.

1. 퍼블릭 (Public)

- 정의 : 퍼블릭은 기업 외부 환경과의 관계를 의미하며, 고객, 시

장, 경쟁사 등 외부 이해관계자와의 상호작용을 포함한다.

- 중요성:
  - 고객의 요구와 시장 트렌드를 파악하고 대응하는 것이 핵심이다.
  - 브랜드 이미지와 신뢰성을 높여 고객 충성도를 강화한다.
- 전략:
  - 고객 피드백을 적극적으로 수집하고 이를 제품 및 서비스 개선에 활용한다.
  - 시장 조사와 경쟁 분석을 통해 차별화된 마케팅 전략을 수립한다.

2. 피플 (People)

- 정의: 피플은 기업 내 인적 자원을 의미하며, 영업팀의 전문성과 동기부여를 포함한다.
- 중요성:
  - 영업팀의 역량과 고객 대응 능력은 매출 성과에 직접적인 영향을 미친다.
  - 팀워크와 협업을 통해 시너지를 창출한다.

- 전략:

  - 지속적인 교육과 훈련을 통해 영업팀의 역량을 강화한
    다.

  - 성과 기반 인센티브 제도를 도입하여 동기를 부여한다.

3. 프로세스 (Process)

- 정의 : 프로세스는 체계적이고 효율적인 영업 활동을 위한 절
  차와 시스템을 말한다.

- 중요성:

  - 효율적인 프로세스는 영업 활동의 일관성과 신속성을
    보장한다.

  - 데이터 기반 의사결정을 통해 영업 전략을 최적화한다.

- 전략:

  - CRM(Customer Relationship Management) 시스템을 활용해
    고객 정보를 체계적으로 관리한다.

  - 영업 활동에 표준화된 절차를 마련하여 일관된 고객 경
    험을 제공한다.

결론

강한 영업의 3P 전략은 퍼블릭, 피플, 프로세스를 통해 기업 경쟁력을 강화하고 지속 가능한 성장을 돕는다. 각 요소는 상호 보완적으로 작용해 영업 성과를 극대화한다.

디지털 도구와
3P 전략

디지털 도구는 강한 영업의 3P 전략을 강화하고 최적화하는 중요한 역할을 한다. 각 요소와의 연계는 다음과 같다.

1. 퍼블릭 (Public)

- 고객 데이터 분석 :

  - CRM 시스템으로 고객 데이터를 수집·분석해 고객 요구와 행동 패턴을 파악한다.

  - 소셜 미디어 분석 도구로 시장 트렌드와 고객 피드백을 실시간으로 모니터링한다.

- 디지털 마케팅 :

- SEO, SEM, 소셜 미디어 광고를 활용해 타겟 고객에게 도달한다.
- 이메일 마케팅과 자동화 캠페인을 통해 고객과의 지속적 관계를 유지한다.

2. 피플 (People)

· 교육 및 훈련 플랫폼:
- 온라인 교육 플랫폼을 통해 영업팀의 지속적인 학습과 역량 강화를 지원한다.
- VR 및 AR 기술로 몰입감 있는 교육을 제공한다.

· 협업 도구:
- Slack, Microsoft Teams 같은 협업 도구로 원활한 커뮤니케이션을 지원한다.
- 프로젝트 관리 소프트웨어를 사용해 업무 진행 상황을 실시간으로 공유한다.

3. 프로세스 (Process)

· 자동화 및 효율화:
- RPA(Robotic Process Automation)로 반복적인 업무를 자동

화해 효율성을 높인다.

- AI 기반 예측 분석으로 영업 기회를 식별하고 전략을 최
  적화한다.

• 데이터 관리 및 분석 :

- 클라우드 기반 데이터 저장소로 대량 데이터를 안전하
  게 관리하고 접근성을 높인다.

- BI(Business Intelligence) 도구로 실시간 영업 성과를 분석
  하고 인사이트를 도출한다.

결론

디지털 도구는 3P 전략을 강화하고, 기업이 고객 관계를 공고
히 하며 영업팀의 역량을 극대화하고, 프로세스를 최적화하는
데 기여한다. 이를 통해 기업은 경쟁력을 확보하고 지속적인 성
장을 달성한다.

북큐레이션 • 마인드셋 전환으로 당신의 삶을 혁명적으로 바꿔줄 라온북의 책

《컨설팅 경영》(강한 영업 편)과 함께 읽으면 좋을 책. 사고의 패러다임을 혁신해 남보다 한 발 앞서
미래를 준비하는 사람이 주인공이 됩니다.

직장인이
직업인으로
살아가는 방법

인생 리셋

김형중 지음 | 19,500원

호모 헌드레드 시대, 당신의 인생 2막을 준비하라
창직의 시대, 나의 가치 밸류 업 노하우!

이제 대한민국은 저성장 시대로 접어들었다. 저성장이 가져다주는 신호는 우리에게 분명하다. 직장인으로서 나의 여건을 냉철하게 재점검하고, 내 인생의 포트폴리오를 만들어가야 한다. 퇴직 이후의 시간은 너무나도 길다. 현재 나의 직장생활만을 안위하면서 살아가는 것은 너무나도 안타까운 일이다. 우리의 삶을 건강하고, 가치 있고, 지속가능하게 가져가야 할 것이다. 이를 위해 이 책 《인생 리셋》이 당신의 삶에 시금석이 되어 줄 것이다. 은퇴라는 강줄기의 끝에는 새로운 미래가 자리잡고 있다. 《인생 리셋》을 통해 당신의 더 큰 미래를 열어보자!

퇴직 전
30억 만들기
프로젝트

직장인 불로소득

홍주하 지음 | 19,800원

《직장인 불로소득》으로 퇴직 전 30억 만들기,
투기가 아닌, 투자를 하면 얼마든지 가능하다

이 책 《직장인 불로소득》은 부동산, 미국 주식 ETF 등 다양한 재테크 방법을 안내하고 있다. 그리고 이렇게 투자한 시간으로 얻은 불로소득은 직장에서 온종일 일하며 번 월급보다 더 많은 소득을 벌어줄 것이다. 직장에서 받는 월급은 내가 노력하는 만큼 보상을 해주지 않는다. 하지만 불로소득은 다행히 내가 노력한 만큼 소득을 가져다 줄 것이다. 또한, 시간이 갈수록 복리 그래프를 그리며 당신의 자산을 두둑이 불려줄 것이다.

명심하라. 퇴직 전 30억 만들기를 할 수 있느냐, 아니냐는 당신의 선택에 달려 있다. 시작도 하기 전에 스스로 한계를 긋지 말기 바란다. 이 책 《직장인 불로소득》은 독자들을 통해 여유롭고 풍요로운 노후로 이끌어 줄 것이다.

초필사력

이광호 지음 | 19,500원

읽고 적고 생각하고 실천하라!
필사의 기적이 당신의 삶에 또다른 문을 열어줄 것이다!

필사는 행동력을 높여준다. 필사 노트에는 책 내용뿐만 아니라 생각, 감정, 지식, 계획…, 머릿속에 일어나는 중요한 아이디어를 모두 담을 수 있다. 자극받았을 때 바로 행동할 수 있도록 노트에 실행 계획을 바로 세울 수도 있다. 필사할수록 기록이 생활화된다. 기록은 기획, 실행, 성과, 수정에 이르기까지 모든 행동을 눈으로 확인할 수 있게 해준다. 나를 측정하고 개선을 돕는다. 그래서 필사는 기록하는 습관을 통해 실천력을 키워준다. 누구나 행동하면 자기 이름으로 살아갈 수 있는 시대다. 당신이 어디에서 무엇을 하든 어제는 운명이고, 내일은 선택이며, 오늘은 기회라는 것을 기억했으면 좋겠다. 기회가 왔다. 자, 이제 필사의 세계로 함께 떠나보자.

파워 루틴핏

정세연 지음 | 19,500원

파워루틴이 당신의 삶에
변화와 행복의 실행력을 불어넣을 것이다!

파워 루틴은 일상 속의 공식이자 실제적인 액션플랜이다. 루틴으로 탄탄해진 일상은 실력이 되고 성과로 나타난다. 남들과는 다른 탁월함이 되어준다. 일을 할 때도, 돈을 모을 때도, 건강을 챙길 때도 루틴 공식은 필요하다.
이 책은 공기업에서 17년 차 여자 차장으로 쌓아온 정세연 저자의 내공과 지혜, 경험을 온전히 녹여냈다. 행복해지고 싶고, 이제는 좀 달라지고 싶지만, 어디서부터 어떻게 시작해야 할지 모르겠다면, 파워 루틴핏으로 오늘이라는 계단을 올라보길 바란다. 한 번에 한 계단씩 천천히 행복하게 오를 수 있도록 파워 루틴 코치인 저자가 도와줄 것이다. 일상 속 사소하지만 중요한 고민들의 해답을 얻길 바라며, 이제 함께 파워 루틴핏을 시작해보자.